JORDAN RIVER

COMUNICARE IN 3D

Manuale Pratico per la Creazione di Video, Foto e Filmati in 3D

Titolo

"COMUNICARE IN 3D"

Autore

Jordan River

Editore

Bruno Editore

Sito internet

http://www.brunoeditore.it

Sommario

Introduzione

Il fascino del 3D sta riscuotendo sempre più interesse, soprattutto grazie alle nuove tecnologie informatiche e digitali. Se fino a ieri l'utilizzo della tridimensionalità era ancorato prevalentemente ad alcuni ambiti – quali ad esempio la medicina, il mondo della ricerca e dell'università – oggi vedere un bambino che si diverte con un videogioco in 3D, o andare al cinema a vedere un film in tre dimensioni sta diventando sempre più la normalità.

C'è di più: persino i nuovi modelli dell'apparecchio televisivo e molti notebook che usiamo tutti i giorni sono in grado di mostrare oggetti in 3D sia usando appositi occhiali che tramite una funzione di visione tridimensionale automatica che non richiede l'ausilio di apparecchi speciali.

Nell'era della globalizzazione e dello sviluppo dell'ICT l'essere umano sta così assumendo nuove abitudini: l'occhio e la mente vogliono superare il distacco che c'è tra le cose comunicate attraverso i media e le esperienze reali cui la nostra mente è abituata. Preferiamo immedesimarci sempre più in ciò che facciamo e in ciò che pensiamo e cui aspiriamo; sicuramente, suscitano in noi maggior interesse un oggetto o una persona che si avvicinano piuttosto che vederli muoversi distanti dal nostro sguardo.

Immergersi il più possibile nei luoghi reali e dell'immaginario appassiona e rende indubbiamente quasi partecipi dello scenario. Il filmato è stato da sempre uno strumento efficace di comunicazione, dai video promozionali ai film delle vacanze, dal video curriculum alla photogallery, ai cortometraggi, gli spot, i documentari, le presentazioni per internet, la TV ecc.

Realizzare oggi una produzione audiovisiva (a prescindere se con una camera professionale o con il proprio telefonino), prevedendone oltre che la classica versione bidimensionale anche una in 3D, diventa un'operazione vincente! Le pagine che seguiranno ti aiuteranno a effettuare questa operazione. Tale corso vuole infatti essere un manuale veloce e intuitivo, alla portata di tutti, per realizzare contenuti 3D stereoscopici al fine di dare quel necessario *know-how* indispensabile per iniziare a produrre i propri lavori in tre dimensioni.

CAPITOLO 1:

Come trasformare le idee in 3D: la *Stereo-visione*

L'essere umano è dotato di un apparato visivo molto complesso, sofisticato ed efficace allo stesso tempo. I nostri occhi, assieme alla nostra mente, infatti, agiscono e ogni giorno vedono la realtà in tre dimensioni! Necessitiamo invece di appositi occhiali – a seconda del supporto – oppure di altri sistemi tecnologici per vedere la profondità di immagini riprodotte, come ad esempio una foto o un video in tre dimensioni.

Ma come funziona il 3D? Per comprendere i segreti di questa tecnica affascinante, dobbiamo capire meglio il funzionamento degli occhi e alcuni principi della stereoscopia.

L'apparato visivo umano

L'essere umano e la maggior parte delle specie animali utilizzano due occhi per vedere (il sistema visivo *binoculare)* separati tra loro da una distanza di circa 6 cm, la cosiddetta *distanza interoculare*. Ciascuno degli occhi percepisce in tal modo un'immagine leggermente diversa, percepita da due prospettive differenti, per via della distanza che separa i due organi; il cervello elabora e unisce le due immagini che riceve e ne ricostruisce la tridimensionalità; quindi, la percezione della profondità (*stereopsi*) rappresenta per la vista umana la consuetudine e la normalità, tanto che non ci facciamo neppure caso.

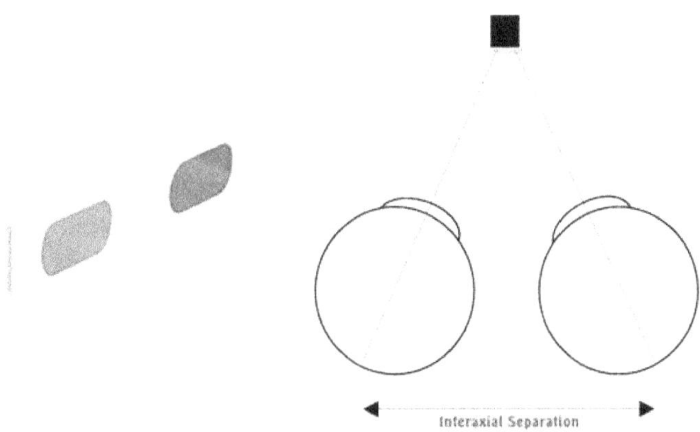

Figura 01 – Un paio di occhiali 3D e lo schema della distanza interoculare

SEGRETO n. 1: l'essere umano vede in 3D grazie al sofisticato sistema visivo binoculare. Grazie alla distanza interoculare i due occhi percepiscono un'immagine da due

prospettive differenti; spetta al cervello poi elaborarle in una sola per ricostruirne la tridimensionalità.

L'occhio è l'organo dell'apparato visivo che traduce le immagini in impulsi elettrici per poi inviarli al cervello. Esso raccoglie la luce che gli proviene dall'ambiente e ne regola l'intensità tramite l'**iride**, che la focalizza grazie a un sistema di lenti per formarne un'immagine; l'immagine attraversa la **cornea**, l'**umore acqueo**, il **cristallino** e il **corpo vitreo**. Sia la cornea che il cristallino sono infatti, come le lenti di una perfetta macchina fotografica.

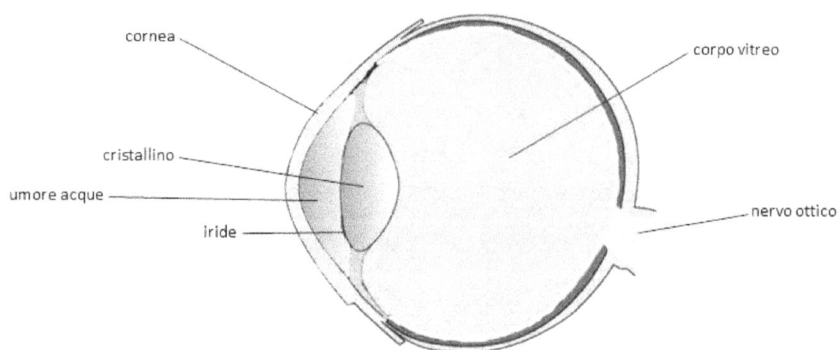

Figura 02 – Schema illustrativo dell'occhio.

Nella retina si trovano i fotorecettori (*coni* e *bastoncelli*), cellule sensibili alla luce, neuroni specializzati che traducono la luce che arriva sul fondo dell'occhio in segnali, in informazione chimica e quindi elettrica (*segnale bioelettrico*). Questi segnali bioelettrici percorrono il **nervo ottico** e raggiungono il cervello che provvede all'elaborazione e alla relativa interpretazione.

La stereo-visione

Gli sviluppi e l'evoluzione nella percezione del rilievo (la *stereoscopia*) sono legati in particolar modo all'ottica e alla visione prospettica. La ricerca della percezione della terza dimensione viene da molto lontano, da oltre duemila anni: non solo nell'antica Grecia (Euclide, Tolomeo ecc.) ma anche nell'antico Egitto e ancor prima nel mondo babilonese, studiosi dell'occhio ebbero modo di porre le fondamenta del funzionamento del sistema visivo umano.

Moltissimi artisti, in tempi relativamente più recenti, furono interessati alla scienza della visione; in particolare, tra questi anche il genio Leonardo da Vinci, che operò numerose ricerche sulla prospettiva e sulla profondità. In molti studiarono il fenomeno della visione binoculare, ma fu grazie al fisico britannico Charles Wheatstone, inventore dello stereoscopio, che essa acquistò ancor più significato: egli dimostrò, nel 1838, che ponendo due immagini leggermente diverse tra loro una di fianco all'altra, vi era la possibilità di avere una visione tridimensionale per mezzo di un sistema di specchi e prismi. Vennero così prodotti diversi modelli di macchine e sistemi per la visione tridimensionale a partire dalla seconda metà dell'800 e l'interesse per le immagini stereo proseguì fino alla prima guerra mondiale. In moltissimi film in pellicola fu impiegata la tecnica stereoscopica, ovviamente con i limiti delle apparecchiature di allora, ma in assenza di una tecnologia idonea tale metodo fu a poco a poco dimenticato.

È grazie alle tecnologie digitali e alla computer grafica che la tridimensionalità oggi sta suscitando un nuovo e inaspettato interesse, che molto probabilmente continuerà a consolidarsi sempre più nel tempo ponendo le condizioni ottimali per la futura fruizione 3D anche senza l'uso di alcun tipo di lente (es. *l'autostereoscopia* e *l'olografica*).

SEGRETO n. 2: gli studi sul principio del 3D si perdono nella notte dei tempi, dall'antica Babilonia con lo studio dell'occhio, all'antica Grecia per proseguire fino ai tempi più recenti con l'utilizzo della prospettiva dei grandi artisti come Leonardo Da Vinci e con l'invenzione dello stereoscopio.

Le fotografie 3D nello stereoscopio

Per capire meglio il meccanismo della visione di immagini stereoscopiche presentiamo di seguito un piccolo esperimento con l'illustrazione di un modello di stereoscopio statunitense, molto in voga nel Novecento, di cui ancora oggi si trovano modelli da collezione.

Nel pannello A (a sinistra) viene appoggiato il fotogramma ripreso con la macchina fotografica sinistra e in quello B (a destra) si colloca il fotogramma scattato con quella destra. Le due cavità circolari (A1/B1) possono essere usate per guardare le due immagini leggermente diverse: è grazie a ciò che si può vedere l'effetto stereoscopico.

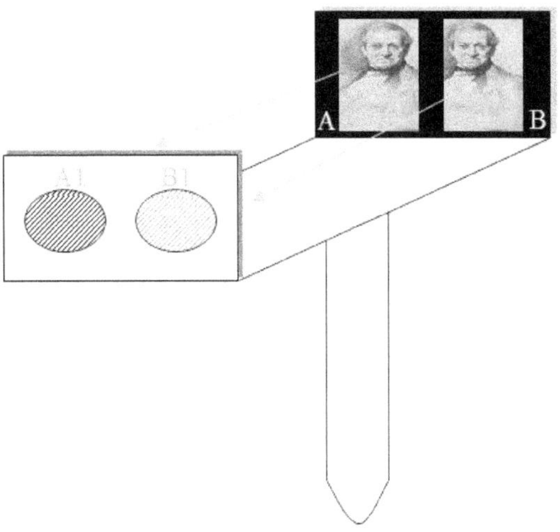

Figura 03 – Ricostruzione del funzionamento di uno stereoscopio

I sistemi di visione 3D

Esistono diversi sistemi per vedere sia contenuti video 3D sia semplici fotogrammi stereo. Tra i più utilizzati vi sono il sistema *polarizzato*, l'*anaglifo* e l'*autostereoscopica*. La scelta spesso dipende dal tipo di supporto utilizzato per la fruizione, dal target cui è destinato e dalla qualità e dai costi. Per permettere di vedere la tridimensionalità dell'immagine stereoscopica (ossia due immagini sovrapposte e riprese solitamente alla distanza di circa 6 cm), il sistema polarizzato sfrutta il fenomeno della polarizzazione (il filtro polarizzatore filtra definite emissioni luminose) per differenziare le due immagini, mentre il sistema anaglifo – il più usato nella diffusione di contenuti 3D in home video (che al momento rimane anche il metodo più economico e pratico) – utilizza invece due filtri di colore differenti per i due occhi posti su appositi occhiali.

Il sistema anaglifo, per via dei due filtri colorati, pur non offrendo una qualità cromatica ottimale, rimane tuttavia molto comodo per presentazioni 3D su DVD, Blu-ray, web e soprattutto sulla carta stampata, poiché l'effetto 3D può essere visto semplicemente indossando questo tipo di occhiali.

Per l'anaglifo non occorrono monitor speciali, basta un qualsiasi display capace di mostrare una foto o un clip video a colori, compresi quindi quelli di telefonini, iPad, notebook ecc. I più utilizzati sono quelli economici realizzati con cartoncino e con lenti dei filtri colorati di plastica. Le combinazioni dei colori per le lenti più utilizzate sono rosso-ciano, verde-magenta, rosso-verde, blu-giallo.

Si consiglia d'impiegare la combinazione rosso-ciano (il rosso per l'occhio sinistro e il ciano per quello destro), poiché questi colori permettono una migliore resa cromatica di immagini colorate, soprattutto per la tonalità della pelle e per le location naturalistiche.

SEGRETO n. 3: per le lenti del sistema anaglifo è meglio utilizzare la combinazione dei colori rosso-ciano, poiché questa offre risultati migliori nella resa cromatica.

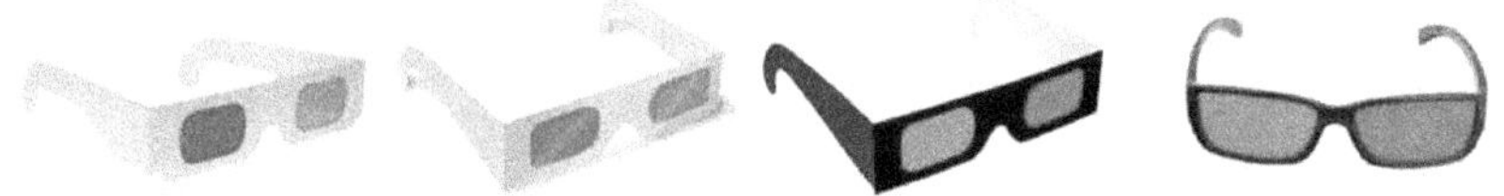

Figura 04 – Alcuni modelli più comuni di occhiali 3D

Gli occhiali anaglifici si possono facilmente trovare anche su internet; sul mediastore italiano è possibile richiedere occhiali 3D a prezzi più vantaggiosi, oppure potete cercare offerte anche su Google.com, sul sito di eBay o rivolgervi, infine, ad alcune delle società specializzate in 3D in Italia (es. *Delta Star Pictures*). Possono essere comodamente ordinati sia in piccoli che in grandi quantitativi.

Un'altra soluzione molto interessante per un maggior comfort è l'autostereoscopia, che grazie ad appositi monitor e display permette di vedere i contenuti 3D senza l'ausilio di alcun occhiale o di altri supporti per la visione tridimensionale. Ovviamente, poiché si tratta di una tecnologia moderna, i costi di questi apparecchi non sono ancora del tutto contenuti.

SEGRETO n. 4: il maggior comfort nella fruizione è offerto dai moderni display autostereoscopici, che permettono la visione tridimensionale senza l'ausilio di appositi occhiali.

RIEPILOGO DEL CAPITOLO 1:

- SEGRETO n. 1: L'essere umano vede in 3D grazie al sofisticato sistema visivo binoculare. Mediante la distanza interoculare i due occhi percepiscono un'immagine da due prospettive differenti; spetta al cervello poi elaborarle in una sola per ricostruirne la tridimensionalità.

- SEGRETO n. 2: Gli studi sul principio del 3D si perdono nella notte dei tempi, dall'antica babilonia con lo studio dell'occhio all'antica Grecia, per proseguire poi fino ai tempi più recenti con l'utilizzo della prospettiva dei grandi artisti come Leonardo Da Vinci e con l'invenzione dello stereoscopio.

- SEGRETO n. 3: Per le lenti del sistema anaglifo è meglio utilizzare la combinazione dei colori rosso-ciano, poiché offre risultati migliori nella resa cromatica.

- SEGRETO n. 4: Il maggior comfort nella fruizione è offerto dai moderni display auto stereoscopici, che permettono la visione tridimensionale senza l'ausilio di appositi occhiali.

CAPITOLO 2:

Come raggiungere la profondità:
i vantaggi del 3D

Così come per l'*augmented reality* (AR), ossia la realtà aumentata in cui l'ambiente circostante viene ricomposto da un elaboratore, anche la visione S3D (Stereoscopic 3D) offre un vero arricchimento nella percezione sensoriale umana. L'elemento della profondità aggiunge nuove informazioni rispetto alla piatta visione in 2D. Il senso della vista e l'attività cerebrale s'immergono in questa nuova dimensionalità.

Produrre oggi immagini e video in 3D è quindi molto più conveniente che realizzarli soltanto in 2D. Diversi, pertanto, sono i vantaggi nel prevedere i propri progetti anche in versione tridimensionale. Ne elenchiamo alcuni di seguito.

Maggior realismo: la peculiarità del 3D di rendere la fruizione visiva il più fedele possibile a quella della vista umana infonde al fruitore un maggior senso di realismo e un miglior legame con la realtà in cui viviamo e agiamo ogni giorno. Con il 3D si ha, quindi, un miglioramento nella valutazione dell'ambiente circostante e delle sue reali dimensioni, nonché un più fedele rilevamento del volume di persone, oggetti e ambienti.

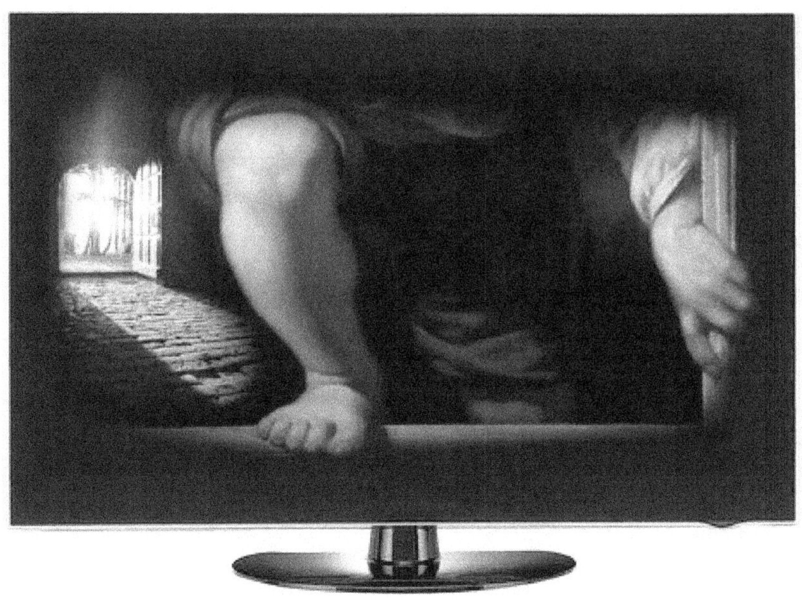

Figura 05 – Monitor tv con elaborazione grafica di personaggio in scena

SEGRETO n. 5: il 3D offre un maggior realismo poiché rende

le immagini il più fedele possibile a quelle percepite dalla vista umana.

Maggiore profondità e spazialità visiva: con la visione stereo si ha subito l'impatto della maggiore profondità e spazialità visiva, e ciò offre una migliore immersione neurosensoriale, che il pubblico esprime con un maggior gradimento del contenuto audiovisivo.

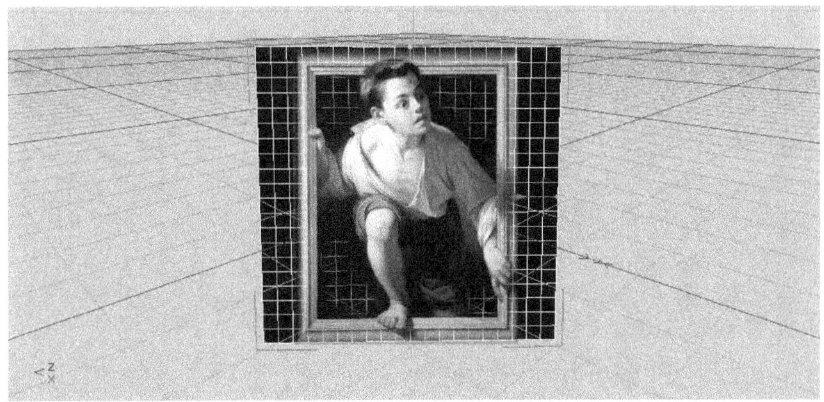

Figura 06 – Un personaggio dentro lo spazio visivo. Elaborazione dell'opera Sfuggendo alla critica *(1874) del pittore spagnolo Pere Borrell del Caso*

SEGRETO n. 6: con la maggiore spazialità visiva è possibile avere una migliore immersione neurosensoriale, con un

conseguente incremento del gradimento del contenuto audiovisivo da parte dei fruitori.

Maggiore possibilità di linguaggio e di semantica: rispetto al 2D, nella terza dimensione, ai due assi X e Y si aggiunge l'asse Z. Questo permette quindi nuove possibilità ed elementi di linguaggio filmico e di semantica visuale.

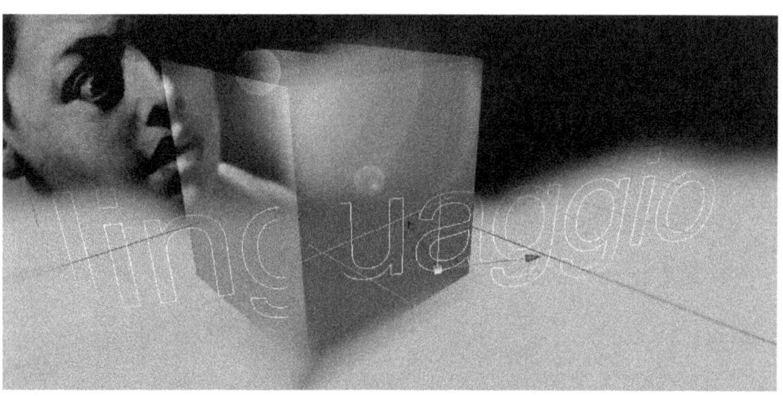

Figura 07 – Gli occhi che osservano un oggetto in CGI nello spazio 3D

SEGRETO n. 7: nel produrre contenuti 3D si ha una maggiore possibilità di utilizzare strumenti anche in termini di linguaggio e di semantica nella comunicazione di immagini in movimento.

Maggior possibilità di fruizione: oggi quasi tutti i sistemi di fruizione video offrono la visione 3D, e i vecchi sistemi per la visione soltanto in 2D stanno man mano scomparendo dal mercato e dalle nostre case. Con il moderno fenomeno 3D è avvenuto un po' come con il digitale, che ha praticamente sostituito le videocassette VHS; oggi infatti quasi tutti usano CD, DVD, Pen Drive ecc. senza alcun rimpianto. Pertanto, nel realizzare oggi opere di comunicazione in 3D (da cui è automatico ricavare anche la versione in 2D), piuttosto che nella sola classica versione in 2D, si ha indubbiamente una maggiore possibilità di fruizione.

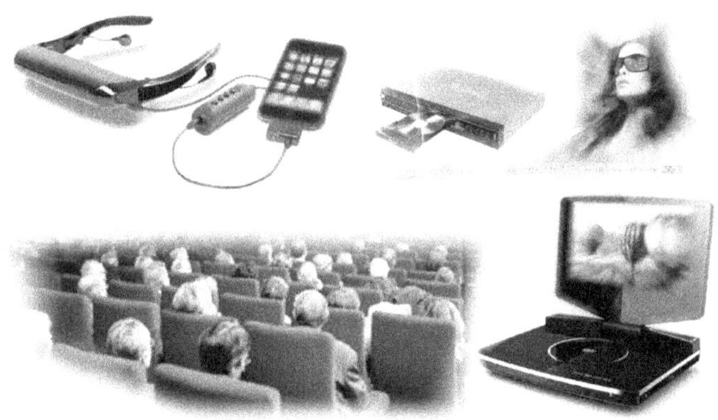

Figura 08 – La varietà di fruizione offerta dal 3D

SEGRETO n. 8: realizzare contenuti in formato S3D significa avere, quasi automaticamente, anche la copia in 2D; pertanto si ha una maggior possibilità di fruizione.

Maggior interesse distributivo: vista la grande fruibilità del 3D nei vari supporti (tv, web, player, telefonini ecc.) nonché il maggior interesse da parte dell'utente finale (il pubblico), realizzare le proprie opere e i propri prodotti di comunicazione anche in 3D significa avere anche maggiori possibilità distributive.

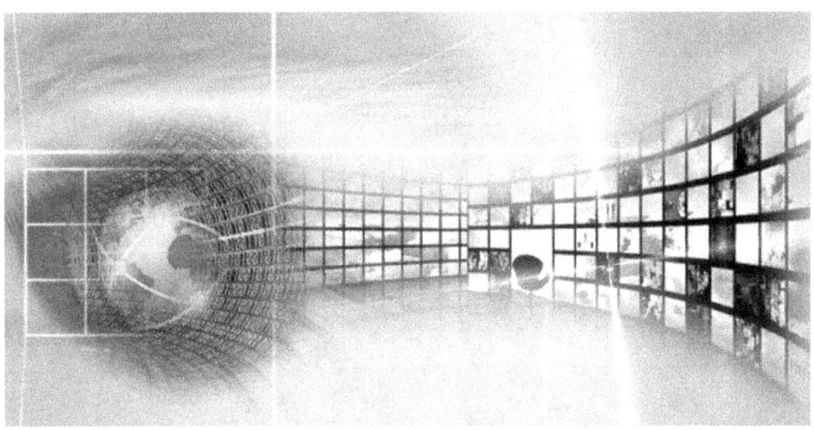

Figura 09 – Distribuzione di contenuti 3D

SEGRETO n. 9: le varie modalità distributive oggi presenti, permettono quasi tutte il formato stereo e gradiscono perciò maggiormente i contenuti tridimensionali.

Sia le potenzialità realizzative dei contenuti S3D che le maggiori possibilità di fruizione e di distribuzione, fanno della comunicazione visuale 3D una scelta vincente nel panorama della diffusione di informazioni e contenuti audiovisivi e multimediali, siano essi a scopo commerciale o culturale e di *edutainment* (una forma di intrattenimento volta sia a educare che a divertire).

RIEPILOGO DEL CAPITOLO 2:

- SEGRETO n. 5: Il 3D offre un maggior realismo poiché rende le immagini il più fedele possibile a quelle percepite dalla vista umana.

- SEGRETO n. 6: Con la maggiore spazialità visiva è possibile avere una migliore immersione neurosensoriale, con un conseguente incremento del gradimento del contenuto audiovisivo da parte dei fruitori.

- SEGRETO n. 7: Nel produrre contenuti 3D si ha una maggiore possibilità di utilizzare strumenti anche in termini di linguaggio e di semantica nella comunicazione di immagini in movimento.

- SEGRETO n. 8: Realizzare contenuti in formato S3D significa avere anche la copia in 2D, pertanto si ha una maggior possibilità di fruizione.

- SEGRETO n. 9: Le varie modalità distributive oggi presenti permettono quasi tutti il formato stereo e gradiscono perciò maggiormente i contenuti tridimensionali.

CAPITOLO 3:

Come iniziare: *l'Hardware, il Software, la Fotografia 3D*

Per realizzare immagini e video tridimensionali in alta definizione e sfruttare al massimo le potenzialità offerte dalle nuove tecnologie 3D, è fondamentale dotarsi della necessaria attrezzatura sia hardware che software.

Elenchiamo di seguito gli strumenti che sono indispensabili per realizzare dei contenuti 3D:

- apparecchiatura per la ripresa 3D (camcorder, fotocamera ecc.);
- personal computer per l'elaborazione dati (PC, Notebook ecc.);
- software per il montaggio 3D;
- strumenti per la fruizione 3D.

Per ciascuna di queste fasi operative possono esserci diverse modalità e soluzioni in grado di determinare sia i costi sia la resa finale del progetto. Ne approfondiremo pertanto di seguito qualcuna, offrendo delle possibili soluzioni.

SEGRETO n. 10: la realizzazione di immagini e video 3D in alta definizione richiede una sofisticata dotazione software e un potente equipaggiamento hardware.

Camcorder e fotocamere per le riprese in 3D

Anche per acquisire dati stereo 3D (immagini e video) esistono numerose possibilità, che variano secondo il budget a disposizione, il tipo di progetto che si vuole realizzare, la qualità e il target cui è rivolta l'opera finale. Si possono impiegare semplicemente due camere HD identiche sistemate una di fianco all'altra (side-by-side), utilizzando un apposito supporto per fissare le due camere, distanti tra loro circa 6 cm (la distanza fra i due occhi).

Questa soluzione richiede però una particolare attenzione e professionalità per il settaggio. Pertanto, se non avete specifiche esigenze, si consiglia di utilizzare direttamente macchine per le riprese già predisposte per il 3D. Esistono ovviamente modelli *prosumer* a costi decisamente bassi per l'acquisto diretto, oppure modelli broadcast che possono anche essere noleggiati presso le varie e numerose società di forniture per l'audio-video. Nelle pagine che seguono, presenteremo alcune soluzioni non eccessivamente dispendiose.

Fotocamere side-by-side

Per realizzare video o semplici fotografie in tre dimensioni, come abbiamo accennato, è fondamentale produrre due immagini dello stesso soggetto, ma riprese da una lieve distanza; qualora volessimo avere, invece, un effetto di iperstereoscopia potremmo aumentare la distanza, senza però esagerare. Si possono usare anche due normali macchine fotografiche uguali, impostando identici settaggi, da azionare poi contemporaneamente.

In alternativa, per soggetti non in movimento, si può usare una sola macchina fotografica, ma si devono effettuare due inquadrature, muovendo leggermente la macchina fotografica tra uno scatto e l'altro (Figura 10).

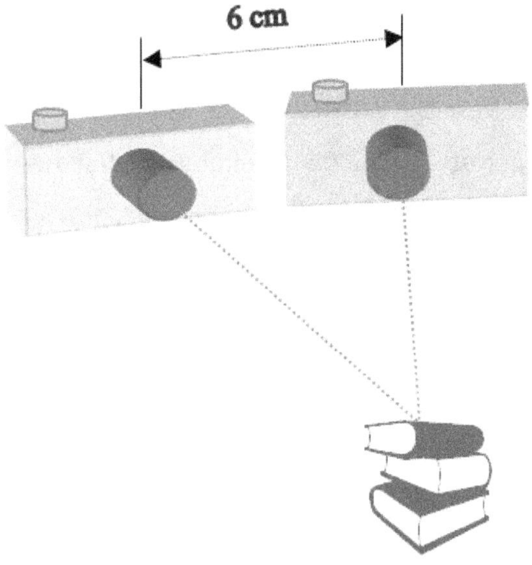

Figura 10 – Illustrazione per l'impiego 3D side-by-side

SEGRETO n. 11: per realizzare sequenze video in 3D o fotografie stereoscopiche si può usare il sistema side-by-side, mantenendo le due ottiche delle camere a circa 6 cm di distanza l'una dall'altra.

Camcorder 3D

Per la cattura delle immagini direttamente in 3D, oggi esistono in commercio moltissimi prodotti, che variano per modello, design, caratteristiche e costo. Ne abbiamo selezionati alcuni per dare un'idea delle loro caratteristiche, di cui sono dotati anche i più economici, facilmente acquistabili in un qualsiasi centro commerciale ben fornito.

Vediamo di seguito un esempio di mini-videocamera economica e tascabile che registra video e immagini fisse direttamente in 3D, nonché in Full HD 1920x1080. Dispone di 8 GB di memoria, supporto USB e caratteristica molto interessante è il display LCD 3D, che permette quindi la visione tridimensionale senza l'uso di occhiali.

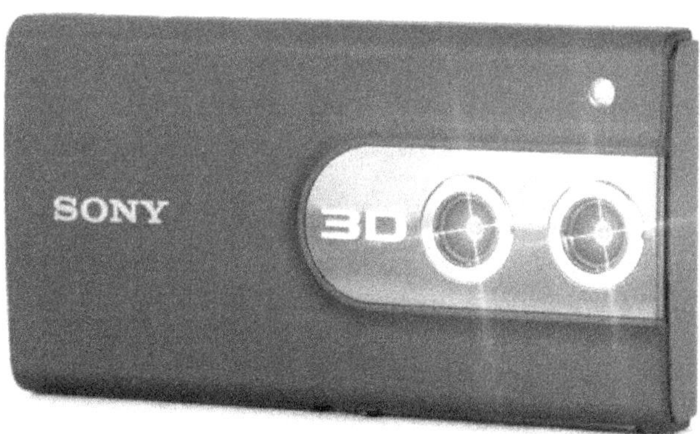

Figura 11 – Un modello di mini-videocamera Sony

Di seguito un altro esempio di camcorder compatto (120x54x62 millimetri, per 285 grammi di peso); è molto facile da usare anche per chi è alle prime armi con questo tipo di tecnologia. Si tratta di un esemplare Toshiba Camileo 3D Full HD per la ripresa stereoscopica. Anche questo apparecchio, grazie al display LCD touch da 2,8 pollici, permette di visualizzare l'effetto 3D senza bisogno degli occhialini. La sua memoria raggiunge i 128 MB di spazio interno e si può anche aumentare tramite apposite memory card. Una volta effettuate le riprese, grazie alla porta HDMI integrata, è possibile visionarle direttamente su un monitor televisivo, oppure trasferire i file su PC o notebook per la sistemazione e il montaggio 3D delle clip.

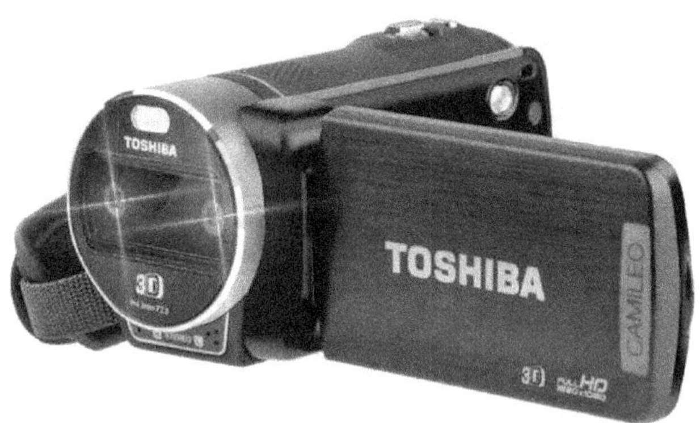

Figura 12 – Camera 3D prosumer Toshiba

Quella che segue è invece una camera 3D più costosa e per produzioni più impegnative. È ovviamente molto comoda per la versatilità e per le numerose caratteristiche professionali. Si tratta di un camcorder 3D professionale a spalla (di dimensioni simili a quelle dei consueti modelli 2D) per immagini 3D di qualità, molto utile anche per la stabilità delle riprese. Dispone di una doppia serie di tre sensori CMOS Exmor™ da 1/2", risoluzione 1920x1080 su schede SxS utilizzando il codec XDCAM EX. Offre la massima garanzia del funzionamento totalmente sincronizzato tra le due ottiche (L+R) mediante un elevato livello di precisione in termini di messa a fuoco, zoom e diaframma.

Questa camera 3D è molto confortevole anche per riprese da vicino, poiché dispone di un intuitivo controllo della convergenza mediante speciale funzione di selezione. Grazie alle quattro schede da 64 GB, permette una lunga durata di registrazione di oltre sei ore in 3D.

Anche questa camera, ovviamente, offre la possibilità di visione e di controllo dell'immagine 3D direttamente con il camcorder. Dispone, inoltre, di uscite HD-SDI e HDMI (3D/2D) per una visione diretta anche su schermi 3D.

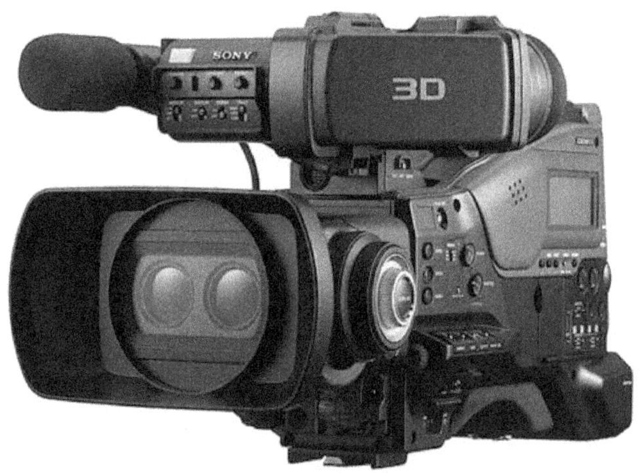

Figura 13 – Camera 3D Sony PMW-TD300

SEGRETO n. 12: per una maggiore comodità e velocità realizzativa per presentazioni 3D è assai più efficace impiegare videocamere che acquisiscano contenuti direttamente in 3D.

L'Hardware per l'elaborazione dati HD 3D

Per l'elaborazione di dati in alta definizione 3D è importante disporre di un hardware molto più efficiente rispetto a quello necessario per lavorare su contenuti standard 2D, poiché con i dati stereoscopici la quantità, anche in termini di memoria, è raddoppiata.

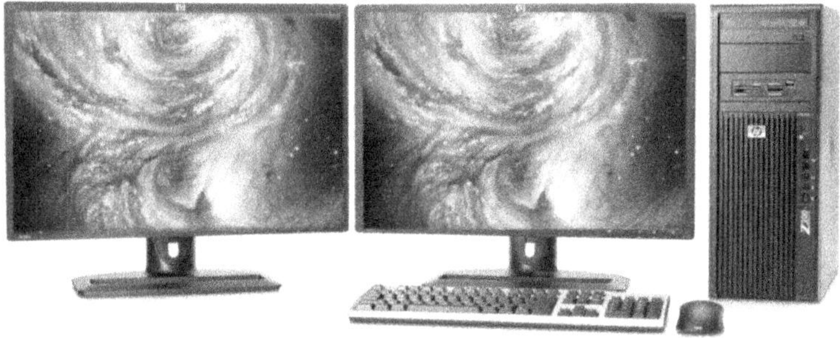

Figura 14 – Una Workstation HP

Solitamente per una post-produzione comoda, si usano workstation abbastanza potenti, ma oggi per montare un video in modo efficace e comodo si può scegliere di usare anche uno dei più recenti e moderni notebook.

Requisiti hardware minimi consigliati
Oltre a disporre di tutti i più comuni accessori, per una workstation con il massimo delle prestazioni di nuova

generazione, ci si può orientare verso i processori Intel Quadcore. È fondamentale, tuttavia, una memoria di sistema di almeno 2GB (4GB raccomandati per progetti HD 3D) e, soprattutto per il 3D e le relative elaborazioni di immagine, si consiglia inoltre una scheda grafica di almeno 128MB di memoria nella dotazione hardware.

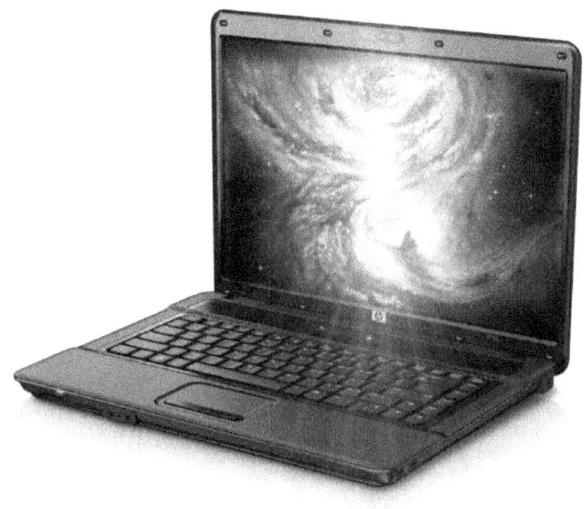

Figura 15 – Un modello di Notebook

Per quanto riguarda invece i Notebook per il 3D, Asus è stata la prima azienda a includere in un portatile la tecnologia Nvidia 3D Vision.

Alcuni recenti modelli dispongono di scheda NVIDIA GeForce con 2 GB di memoria video di tipo GDDR5 e di un secondo comparto con ulteriore hard disk, dotato anche di masterizzatore Blu-Ray. Lo speciale **display autostereoscopico** di cui dispongono questi interessanti Notebook è chiamato *Naked Eye 3D* e permette di visualizzare immagini in 3D senza la necessità di alcun tipo di occhiale.

I software per la post-produzione stereo, l'authoring 3D e la visione stereoscopica

Per quanto riguarda tutte le fasi di post-produzione sia audio che video, nonché del processo di progettazione e di realizzazione del master, occorre dotarsi di alcuni specifici software in grado di gestire le più importanti operazioni 3D Stereoscopiche.

Per l'editing 3D esistono oggi numerose soluzioni sia *stand-alone* che mediante l'utilizzo di *plug-in* di terze parti. Per comodità di efficienza ed economicità, in questo corso si consiglia di usare una versione aggiornata della suite di *Sony Vegas Pro*, che approfondiremo nel quarto capitolo.

SEGRETO n. 13: per l'elaborazione di video e immagini in 3D, le soluzioni più veloci possono essere i software *stand-alone*, i quali operano direttamente in 3D senza la necessità di plug-in di terze parti.

La *Sony*, impegnata assiduamente nel settore 3D stereoscopico, dai sistemi di ripresa alla realizzazione dei Blu-Ray Disc 3D, è stata una delle prime aziende (praticamente l'unica presente in tutti i comparti della filiera 3D) a distribuire un release appositamente pensato per l'editing 3D proprietario, senza quindi dover installare alcun plug-in o pacchetto esterno. La filosofia di Sony Creative è stata quella di anticipare i tempi, consentendo di editare in 3D con le attuali dotazioni degli hardware più comuni.

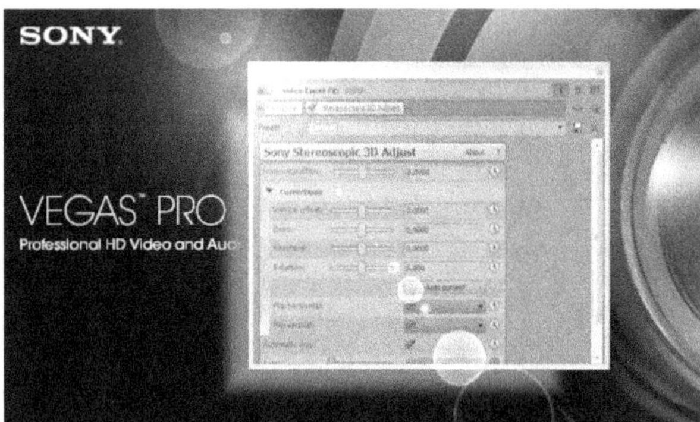

Figura 16 – Vegas Pro e l'editing 3D stereo

Una versione di prova del software di editing Sony può essere scaricata direttamente online cliccando qui. Per l'authoring 3D si può invece utilizzare una recente versione del software *Roxio Creator 2012*, che approfondiremo più avanti.

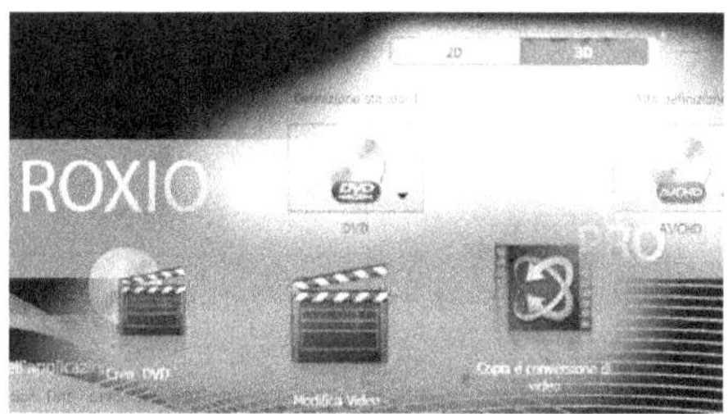

Figura 17 – Roxio Creator

I software per la visione 3D e i supporti di fruizione

Una volta realizzato il vostro DVD/Blu-Ray 3D (ne parleremo nel capitolo 5), per la fruizione finale su un comune display, PC o notebook occorre dotarsi oltre che degli appositi occhiali 3D, anche di un player capace di visualizzare filmati in 3D.

Molto versatile a tale scopo è *CyberLink PowerDVD*; si tratta di un software lettore media player per Microsoft Windows e Linux. Questo software, di cui esistono diverse edizioni (Ultra, Deluxe e Standard), è spesso offerto in bundle con vari sistemi PC, notebook e periferiche. Una versione di prova aggiornata di CyberLink PowerDVD può essere scaricata direttamente dal web. Dalla versione 12, PowerDVD permette infatti la visione di contenuti in HD e 3D.

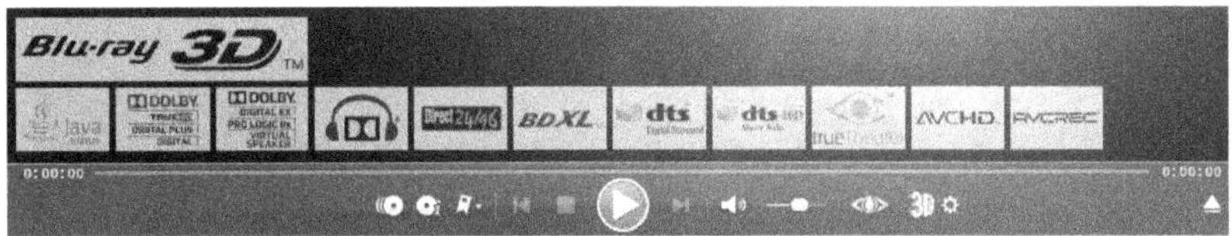

Figura 18 – Il player CyberLink per contenuti 3D

Come realizzare fotografie 3D con Photoshop

A conclusione di questo capitolo entreremo nel vivo delle tecniche. Illustreremo infatti alcuni segreti per realizzare passo dopo passo una fotografia stereoscopica con il noto software *Photoshop*.

Si tratta di una tecnica piuttosto semplice che può essere utile se volete realizzare una locandina in 3D, una galleria fotografica tridimensionale per il web o realizzare delle presentazioni o demo da integrare in *PowerPoint* o da stampare per mostre e presentazioni stereoscopiche su carta.

SEGRETO n. 14: per realizzare una galleria fotografica tridimensionale o stampare presentazioni stereoscopiche su carta, chi ne dispone può utilizzare il programma di fotoritocco Photoshop, senza avere alcuna spesa per l'acquisto di altri software specifici.

Realizzare un singolo frame in 3D è infatti un'operazione non così complessa come invece può sembrare. Occorre prima di tutto avere due viste prospettiche riprese per esempio da due leggeri diversi punti di vista.

Supponiamo in tal caso di avere due fotografie (L+R) già scattate e salvate sul nostro hard disk. Iniziamo a importarle entrambe su *Photoshop*.

Fare click su **File ▶ Apri**.

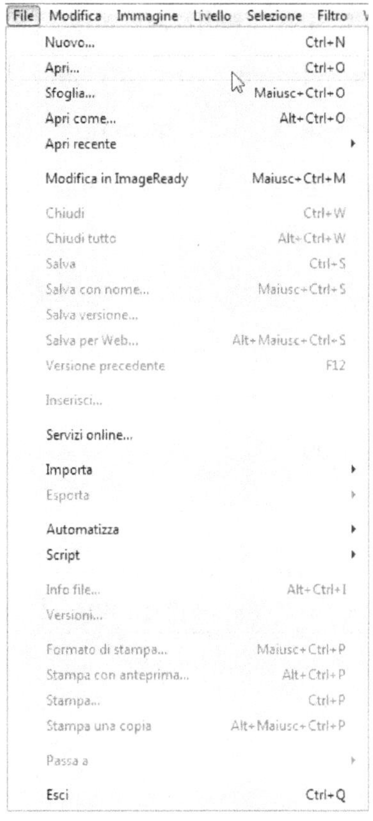

Figura 19 – Menu a tendina "File"

Selezionare le due immagini (dx+sx) e fare click sul tasto **Apri**.

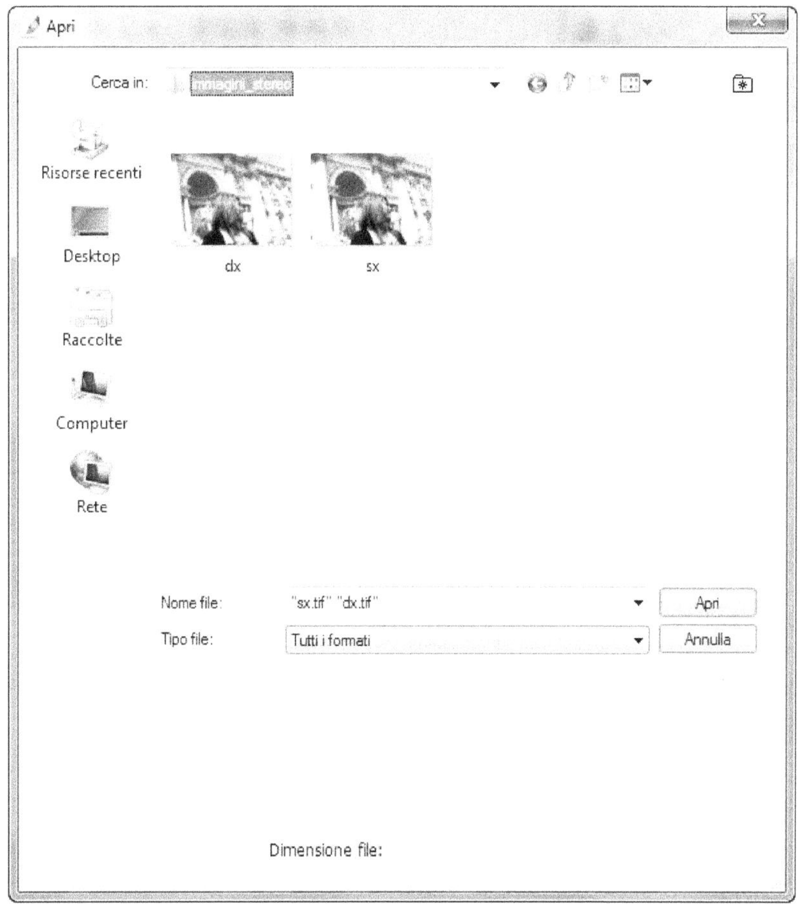

Figura 20 – Finestra di dialogo per l'apertura dei file

Vedrete che entrambe le foto verranno aperte e mostrate all'interno di *Photoshop*.

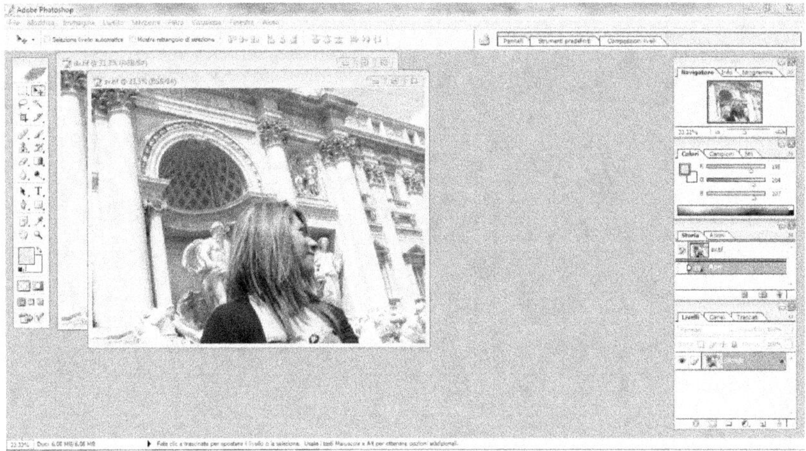

Figura 21 – Interfaccia principale con le due foto importate

Adesso, nella sezione dei livelli occorre selezionare l'immagine DX facendo click su *sfondo*, e poi trascinarla con il mouse sopra l'icona *crea un nuovo livello* (Figura 22): noterete che verrà creato uno *sfondo copia* (Figura 23).

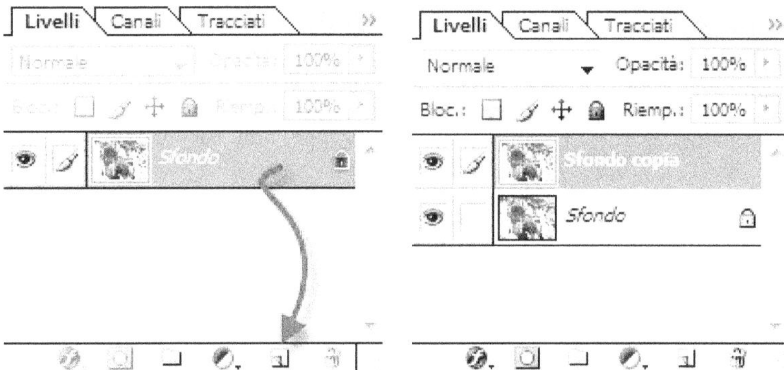

Figura 22 – Area dei livelli   Figura 23 – Sfondo copia di livello

Ora fare doppio click su *sfondo copia* e rinominare in DX (Figura 24); per cancellarla trascinare la voce *sfondo* sull'icona del cestino (Figura 25):

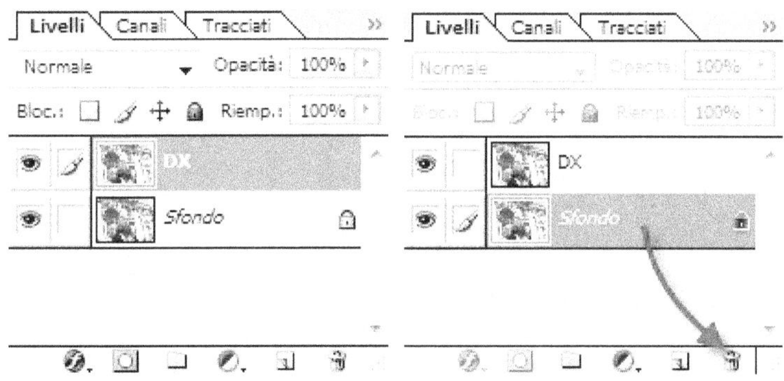

Figura 24 – Rinomina livello   Figura 25 – Eliminazione livello

Adesso occorre inserire l'immagine destinata all'occhio destro. Fare click sull'immagine SX, attivare lo strumento di selezione rettangolare e selezionare l'intera foto (Figura 26):

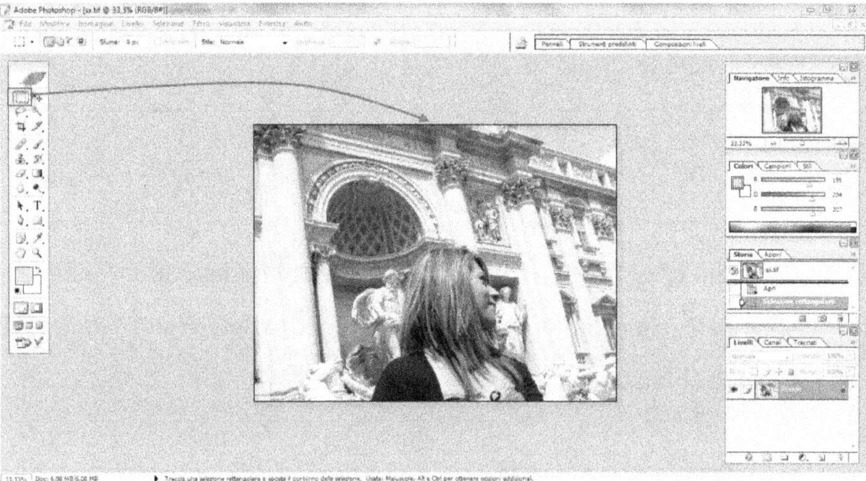

Figura 26 – Selezione sfondo

Fare click su **Modifica ► Copia**.

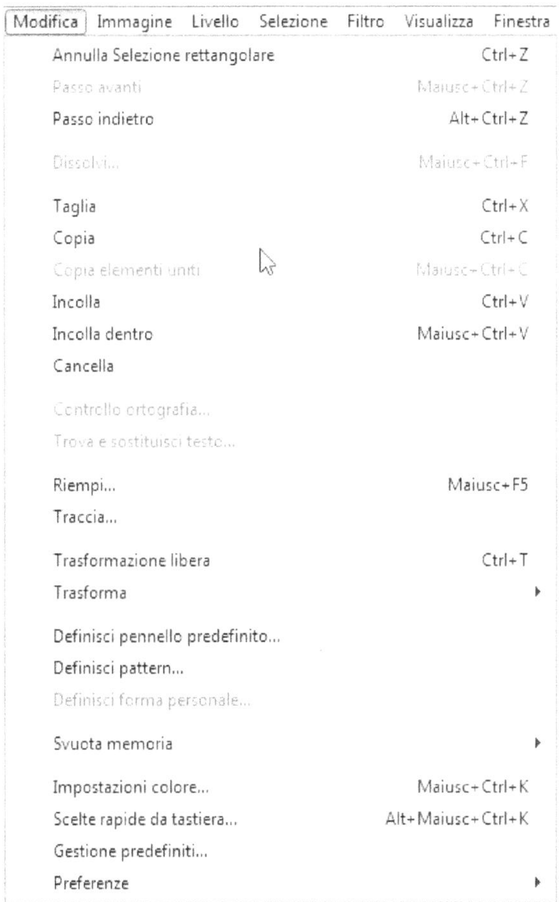

Figura 27 – Menu a tendina "Modifica".

Adesso occorre incollare la foto sull'immagine DX. Fare click su

Modifica ▶ Incolla (oppure con i tasti **Ctrl + V**).

Come si vede nell'esempio, viene aggiunta la foto con la voce *Livello 1*. Fare doppio click e rinominarla in SX (Figure 28 e 29):

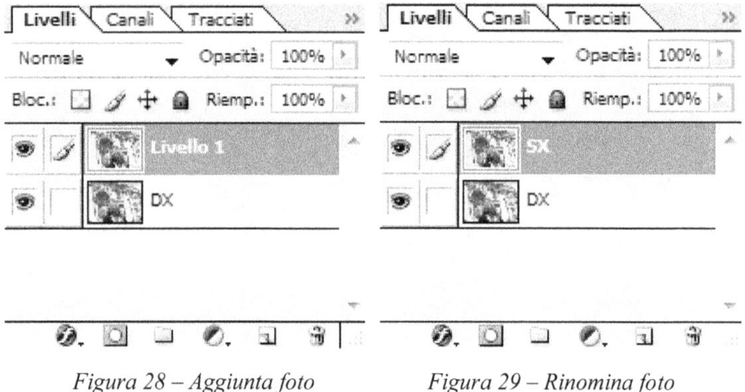

Figura 28 – *Aggiunta foto*   Figura 29 – *Rinomina foto*

Fare doppio click su SX. Verrà aperta la finestra di dialogo *Stile livello*, deselezionare quindi il canale **R**.

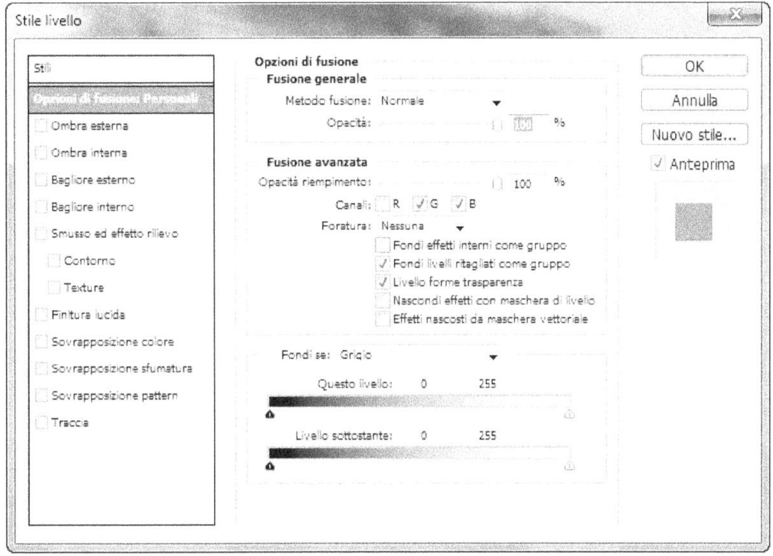

Figura 30 – Finestra di dialogo per modifica canali RGB

Fare doppio click su DX e deselezionare gli altri due canali rimasti, cioè G e B.

Indossate gli occhialini rosso-ciano: l'immagine 3D è pronta! Potete, ovviamente, effettuare tutte le vostre prove e altre eventuali opportune modifiche.

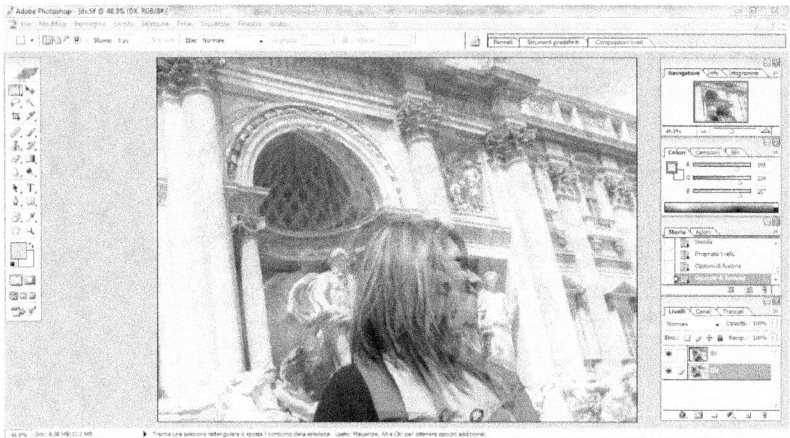

Figura 31 – Foto stereo realizzata con Photoshop

Fate click su **File ▶ Salva con nome** e salvate la vostra fotografia 3D nel formato che preferite.

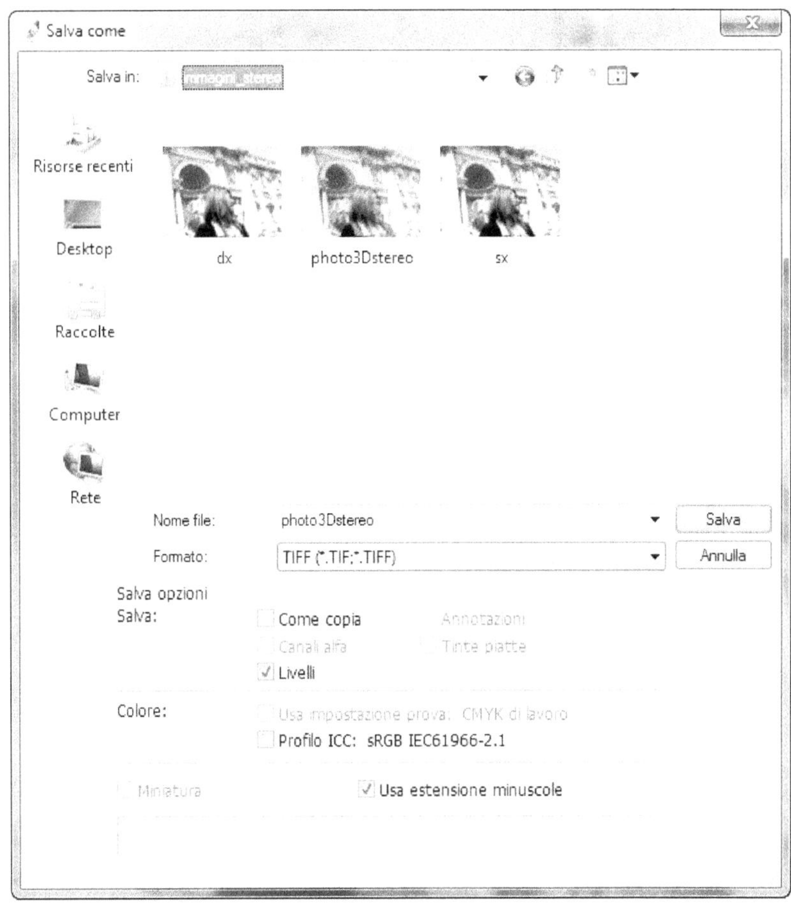

Figura 32 – Finestra di dialogo per il salvataggio

RIEPILOGO DEL CAPITOLO 3:

- SEGRETO n. 10: La realizzazione di immagini e video 3D in alta definizione richiede una sofisticata dotazione software e un potente equipaggiamento hardware.

- SEGRETO n. 11: Per realizzare sequenze video in 3D o fotografie stereoscopiche, si può usare il sistema side-by-side, mantenendo le due ottiche delle camere a circa 6 cm di distanza l'una dall'altra.

- SEGRETO n. 12: Per una maggiore comodità e velocità realizzativa per presentazioni 3D è assai più efficace impiegare videocamere che acquisiscono contenuti direttamente in 3D.

- SEGRETO n. 13: Per l'elaborazione di video e immagini in 3D, le soluzioni più veloci possono essere i software *stand-alone*, i quali operano direttamente in 3D senza la necessità di plug-in di terze parti.

- SEGRETO n. 14: Per realizzare una galleria fotografica tridimensionale o stampare presentazioni stereoscopiche su carta, chi ne dispone può utilizzare il programma di fotoritocco Photoshop, senza avere alcuna spesa per l'acquisto di altri software specifici.

CAPITOLO 4:

Come montare video 3D in pochi passi

In questo capitolo vedremo invece passo per passo come montare un video in 3D con il software Sony Vegas Pro (di cui abbiamo parlato nelle pagine precedenti), molto comodo per la sua semplicità d'utilizzo. Potete usare queste tecniche per immortalare i vostri momenti più importanti realizzandoli in filmato 3D, oppure per le vostre presentazioni aziendali o per ogni altra produzione *3D content*.

Una volta installato il programma di Editing, la prima cosa da fare è impostarlo con alcuni settaggi per ottimizzare al massimo il workflow del software. All'inizio del nuovo progetto occorre verificare e impostare le sue proprietà stereoscopiche.

Vediamo come fare:
1. menu **File**;
2. cliccare sulla voce **Properties ▶ Project Properties**;

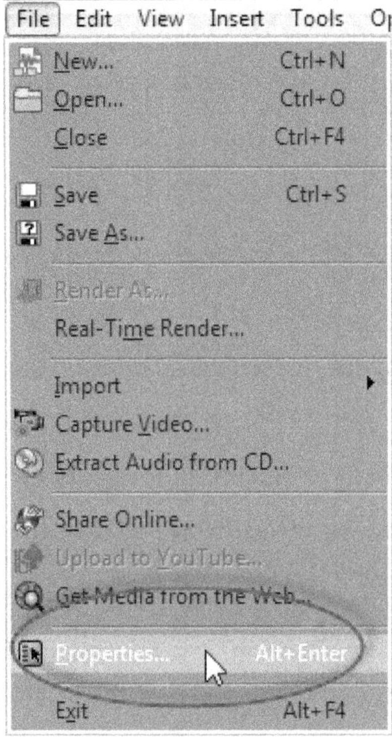

Figura 33 – Menu a tendina "File"

3. impostare il formato del fotogramma (es. Width=1920; Height=1080);

4. frame rate impostato su *25fps*;

5. su *Stereoscopic 3D mode* scegliere: *Anaglyphic (red/cyan)*;

6. su *Full-resolution rendering quality* impostare *Best*;

7. fare click su **OK**;

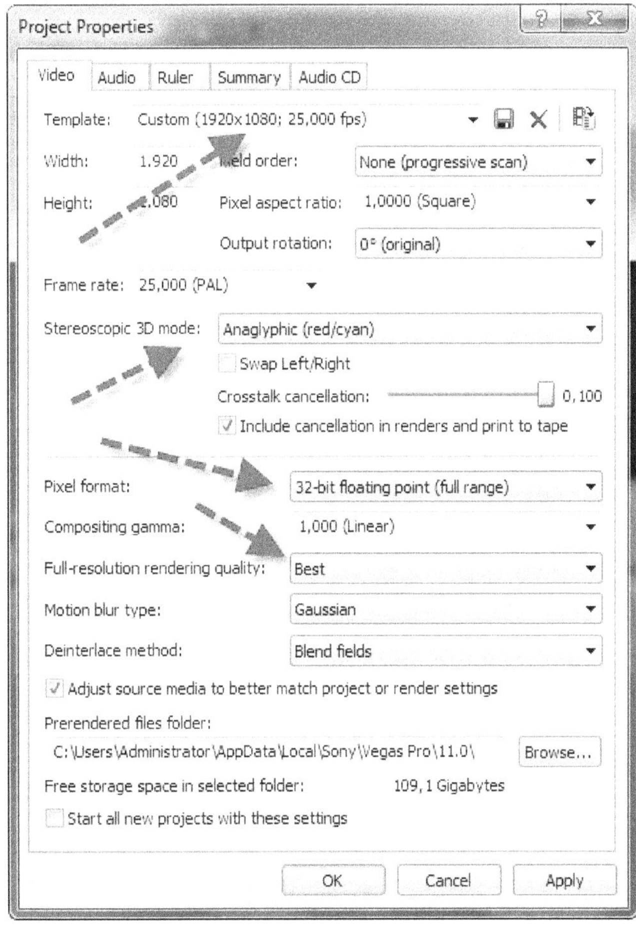

Figura 34 – Settaggio dei formati del progetto 3D

Settaggi e modalità stereo 3D	
Off	Scegliendo questa impostazione si può lavorare in modalità progetto 2D.
Side by side	Attivandolo si possono vedere la Clip per l'occhio sinistro e quella per l'occhio destro in un singolo frame. In modalità *half* si ha una visualizzazione a metà della risoluzione orizzontale disponibile, mentre in modalità *full* si può avere invece la visualizzazione con la massima risoluzione orizzontale.
Top/bottom	La vista dell'occhio destro e quella dell'occhio sinistro sono sovrapposte in un unico fotogramma. In modalità *half* si ha una visualizzazione a metà della risoluzione verticale disponibile, mentre in modalità *full* si può avere invece la visualizzazione con la massima risoluzione verticale.
Anaglyphic	Usare questo settaggio (es. green/magenta oppure red/cyan) per consentire la visione con gli occhiali anaglifici. La vista per l'occhio sinistro e quella per l'occhio destro utilizzano filtri di colore.
Line alternate	Questa impostazione permette di visualizzare il progetto su un monitor 3D con linee che si alternano. Vista dell'occhio destro e vista dell'occhio sinistro si intrecciano con metà della risoluzione verticale disponibile.
Checkerboard	Per visualizzare il progetto su sistema DLP 3D. Sinistra-destra e punti di vista degli occhi sono piastrellati con metà della risoluzione disponibile orizzontale e verticale.
Left only / Right only	Con questa opzione si può scegliere di visionare solo l'occhio sinistro o solo l'occhio destro per l'editing su un monitor 2D; utile anche qualora si vogliano creare file di output separati per le uscite occhio sinistro e/o occhio destro.
Blend	Con questa impostazione si fondono le immagini sinistra e destra.
Difference	Con questa modalità si possono vedere le disparità verticali.

Tabella 01 – Impostazioni principali per il settaggio dei formati

di un progetto 3D

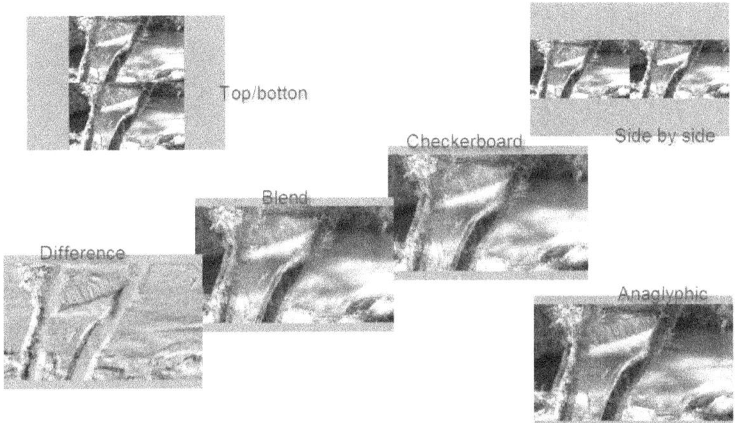

Figura 35 – Anteprima di esempio di alcuni settaggi disponibili per l'editing 3D

SEGRETO n. 15: una volta installato il programma di editing, è importante effettuare i vari settaggi per ottimizzare al massimo il workflow del software.

L'interfaccia del software

Vediamo ora in questa sezione l'interfaccia di lavoro del software di editing per conoscere così da vicino le principali funzioni delle aree di lavoro (Figura 35).

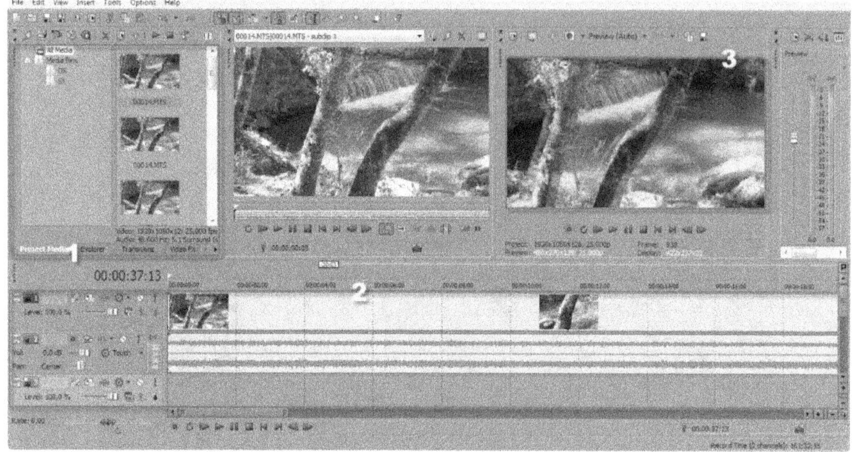

Figura 36 – Interfaccia principale del software di editing

1. Area in cui vengono allocati i file 3D e organizzate le cartelle di lavoro; vi si trovano alcune operazioni speciali, distribuite in ben 5 sezioni:

    a) Project Media (viene allocato tutto il materiale utilizzato nel progetto);

    b) Explorer (strumento assai simile alla finestra *Esplora Risorse di Windows*, poiché ci permette di navigare tra le cartelle e file con semplici click del mouse);

    c) Transitions (elenco delle transizioni applicabili al progetto);

    d) Video FX (lista degli effetti video disponibili);

e) Media Generators (si tratta di un generatore di vari effetti, fra i quali alcuni per testi speciali).

2. Time line con tracce video, audio, titoli, effetti e tutte le operazioni stereoscopiche apportate per l'editing 3D.

3. Monitor per la Preview 3D in real-time.

Com'è organizzata la timeline

Nelle tracce video si hanno normalmente le clip video in formato stereo, una per l'occhio sinistro (Left) e una per quello destro (Right) e nelle tracce audio il suono stereo o surround (da cinque o più canali, per l'ingegnerizzazione e le architetture geometriche nello spazio sonoro 3D). Sempre sulla timeline del software di editing, quindi, si può procedere anche con una prima sincronizzazione, ossia l'accoppiamento delle immagini ai rispettivi suoni, registrati separatamente in fase di ripresa e/o di effetti sonori aggiunti per il montaggio del suono.

Bene, fin qui abbiamo impostato il software con le caratteristiche del nostro primo progetto; iniziamo ora a esplorare i punti chiave del processo di editing 3D.

Acquisizione/importazione

Per l'acquisizione di dati audio-video 3D, il software dispone dell'opzione *Video Capture*. Dal menu **File** selezionare **Capture Video** e quindi scegliere il formato del video da acquisire.

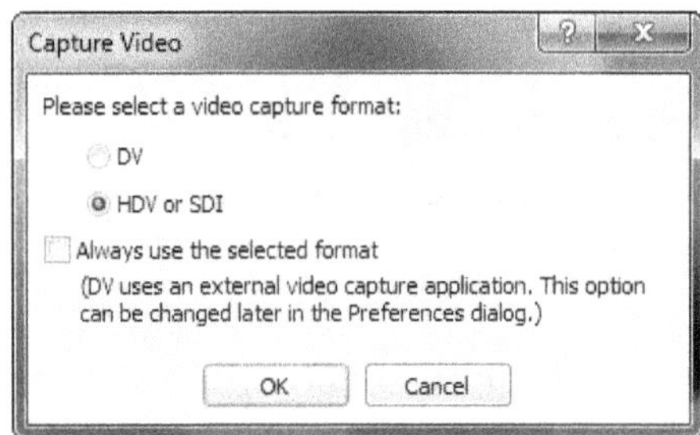

Figura 37 – Scelta formato per l'acquisizione video

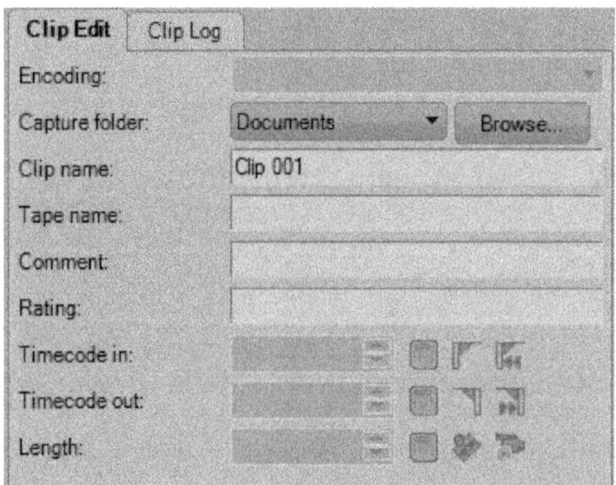

Figura 38 – Finestra di dialogo "Capture Video"

Una volta impostati i dati per l'acquisizione, tutti i file delle scene solitamente compaiono nella timeline sotto forma di clip. Formato, grandezza e qualità dipendono dal tipo di camera impiegata e dal setup in fase di riprese.

Vediamo adesso, invece, come importare due file (L+R) dal nostro hard disk per l'impiego stereo. Prima di tutto creiamo due Bin, una per l'occhio destro che chiameremo DX, e un'altra per l'occhio sinistro che chiameremo SX:

1. su Project Media cliccare con il tasto destro del mouse sull'icona **Media Bins** ▶ **Create New Bin**;

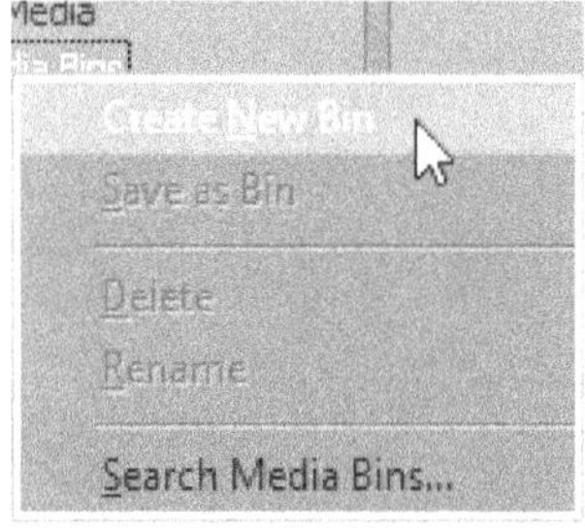

Figura 39 – Menu "Create New Bin"

2. assegnare il nome della directory **SX**.

Ripetere la stessa operazione creando una cartella **DX** anche per l'occhio destro.

SEGRETO n. 16: per un'ottimale organizzazione del materiale stereo sulla timeline occorre creare almeno due *Bin*, una per l'occhio destro (DX) e una per l'occhio sinistro (SX).

Una volta fatto ciò, proviamo a importare i due file dal nostro hard disk:

1. menu **File**;
2. cliccare sulla voce **Import ▶ Media**;

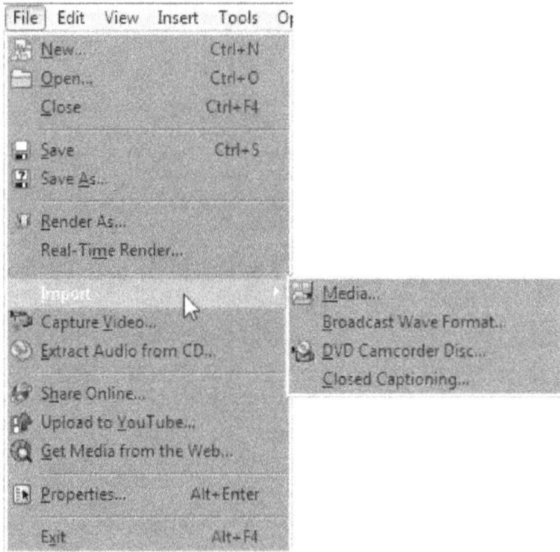

Figura 40 – Menu "File ▶ Import"

3. nel menu a tendina selezionare il tipo di file oppure *All Project and Media Files*;

4. selezionare il nome del file delle scene per l'occhio destro;

5. fare click su **Open**.

Ultimata tale procedura, la clip importata sarà allocata nell'area di lavoro **Project Media**. Eseguite quindi la stessa procedura per la clip per l'occhio sinistro e avrete così le clip per entrambi i canali (L+R).

L'organizzazione delle clip 3D

Importate le clip necessarie, si procede all'organizzazione del materiale occorrente per l'editing. Per ogni scena si può creare una cartella di lavoro in cui si creeranno altre sottocartelle: in una sarà collocato il materiale (clip video, immagini, rumori ecc.) per l'occhio destro e nell'altra quello per l'occhio sinistro.

Ora sarà invece necessario partire con l'inserimento di almeno due tracce per la lavorazione sulla timeline e per fare ciò basta replicare la seguente procedura:

1. menu **File ▶ Insert**;

2. cliccare sulla voce **Video Track**;

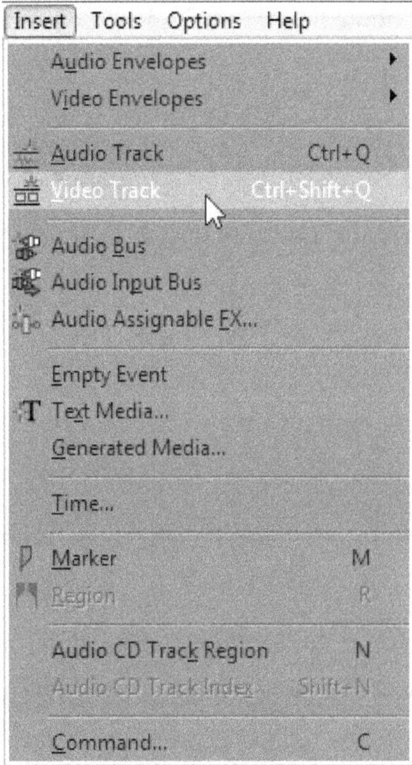

Figura 41 – Menu "Insert"

Noterete a vista l'inserimento delle nuove tracce. Fatto ciò, potete già trascinare con il mouse le relative clip sulla timeline. Poiché le clip hanno una loro durata, appena vengono rilasciate nello spazio di lavoro raffigurano un tracciato di tempo, ecco appunto perché il nome *timeline* (linea del tempo).

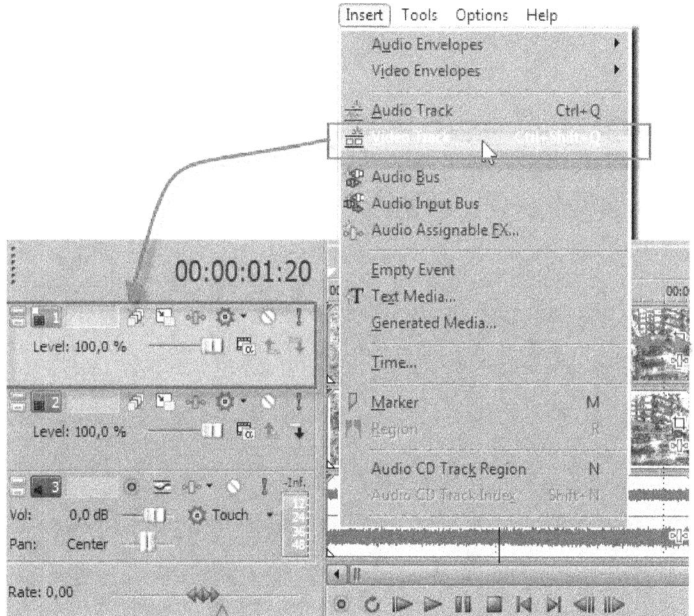

Figura 42 – La creazione di Bins e l'aggiunta di tracce sulla timeline

IMPORTANTE: Se volete avere una corretta visione stereoscopica, la clip dell'occhio destro (DX) va collocata sul livello 2 (**Track number 2**) e quella dell'occhio sinistro (SX) sul livello 1 (**Track number 1**).

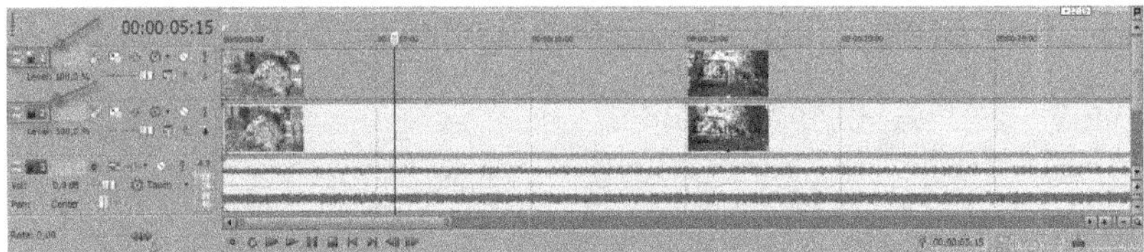

Figura 43 – Tracce e Clip 2D sulla timeline prima della creazione di Clip 3D

Editing 3D sulla timeline

Le clip sono ora pronte per tutte le operazioni che un software di editing permette di eseguire, come ad esempio tagliare le clip, spostare parti di esse, cancellare, correggere, e unirle tra loro attraverso stacchi, pause, dissolvenze e transizioni.

Si tratta in sostanza di potenzialità che quasi tutti i software di editing mettono a disposizione quale strumento di linguaggio narrativo, che ovviamente qui non tratteremo. Scopriamo ora, invece, il segreto per trasformare in 3D le due clip che abbiamo inserito per il montaggio 3D Stereoscopico:

1. menu **File**;
2. selezionare entrambe le clip (L+R) sulla timeline con il mouse (tasto Ctrl + mouse);
3. fare click con il tasto destro del mouse;
4. associare le due clip (L+R) selezionando *Pair as Stereoscopic*

3D Subclip.

Fatto ciò vedremo che le due clip si fondono come per magia e vengono trasformate in un'unica Subclip 3D. Da adesso in poi tutti gli interventi che saranno apportati potranno essere visionati direttamente in real-time in visione 3D stereoscopico.

SEGRETO n. 17: l'opzione *Pair as Stereoscopic 3D Subclip* trasforma due clip 2D in un'unica clip 3D.

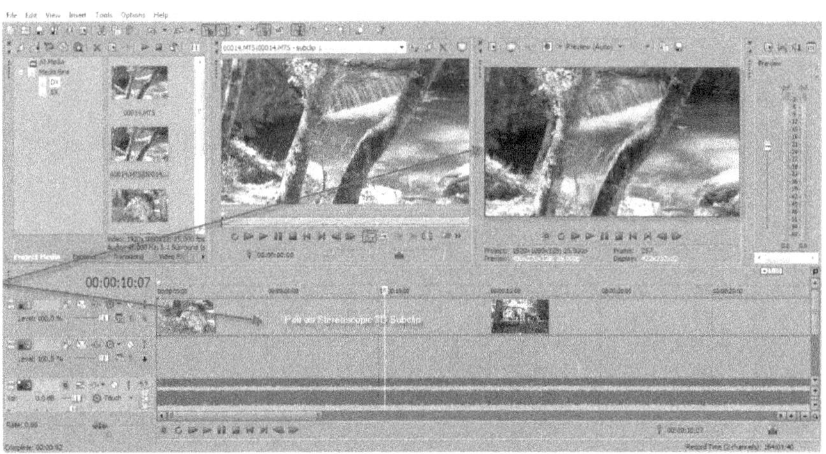

Figura 44 – Trasformazione di una Subclip 3D sulla timeline

Poiché abbiamo appena associato le clip trasformandole in 3D, se indossate degli occhialini 3D, sul monitor Preview in alto a destra potrete già vedere l'anteprima della scena. Ovviamente occorrerà eseguire alcuni aggiustamenti e/o correzioni 3D. Vediamo dunque il segreto per fare ciò con alcuni semplici passaggi:

1. fate click sull'icona *Track Motion* nella traccia del video 3D;

2. nella schermata che vi apparirà in alto a sinistra scegliete *3D Source Alpha*;

3. nella sezione *Stereoscopic 3D Camera* trovate le voci *Lens Separation* e *Depht Adjust*;

4. assegnate alla profondità il nuovo valore *Depht Adjust* = 7,00;

5. nella sezione in basso assegnate a *Position* il valore *Depht* = 60,00;

6. chiudete la schermata lasciando intatti i valori appena settati.

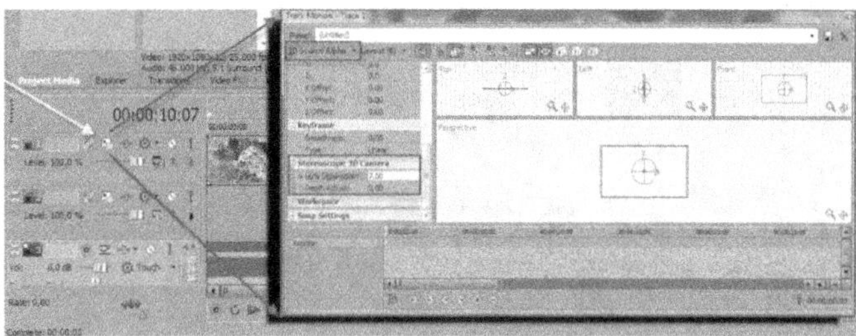

Figura 45 – "Stereoscopic 3D Camera" dal menu di Track Motion

Una volta impostato **Track Motion** occorrerà apportare alcuni fondamentali aggiustamenti 3D. Vediamo come:

1. su *Video FX* fate clic sulla voce *Stereoscopic 3D Adjust* trascinandola sulla Clip 3D in questione, vi apparirà la schermata *Video Event FX*;

2. assegnate il valore per *Horizontal Offset* (es. 0,0200);

3. chiudete la schermata lasciando intatti i valori.

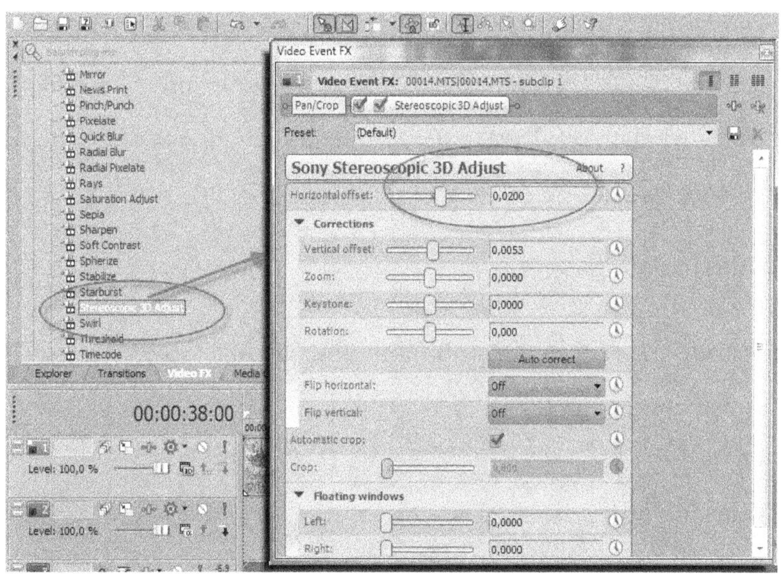

Figura 46 – Lo strumento Sony per gli aggiustamenti 3D Stereoscopici con effetto immediato sulla timeline visibili in real-time.

Indossate ora gli occhiali 3D (es. red-cyan o il tipo di occhialini che avete impostato all'inizio) e vedrete in real-time che avete già realizzato la vostra scena in 3D. Come potete notare, con queste operazioni abbiamo agito direttamente sulle scene in formato stereoscopico, ma potete ovviamente apportare tutti gli aggiustamenti che riterrete più opportuni, cambiati e scelti in relazione al tipo di effetto 3D che si vuole e alla tipologia di riprese effettuate.

Giacché, come abbiamo detto, ormai ci troviamo in ambiente stereo, vediamo alcune delle dinamiche intrinseche delle transizioni in fase di montaggio.

SEGRETO n. 18: sulla timeline del software di editing 3D è possibile procedere direttamente con la sincronizzazione e le impostazioni stereografiche.

Transizioni 3D

Occorre prestare particolare attenzione alle transizioni nell'editing 3D. Poiché con il montaggio avviene quell'operazione che consiste nell'unire la fine di un'inquadratura **A** con l'inizio della successiva **B**, l'esatta scelta e l'uso sapiente delle transizioni in ambienti 3D giocano un ruolo fondamentale nel ritmo e nell'eleganza dell'opera 3D stereo finale.

Le transizioni avvengono solitamente tramite lo *stacco* (il passaggio diretto e immediato da un piano a quello successivo) oppure con la *dissolvenza*, che può essere fondamentalmente impiegata in una delle seguenti modalità:

1. **dissolvenza d'apertura:** la clip appare progressivamente a partire dal nero dello schermo. Molto usata per l'apertura di un evento contenuto nelle clip;

2. **dissolvenza incrociata**: la clip che scompare e quella che appare si sovrappongono per pochi instanti. Le dissolvenze incrociate sono molto più potenti in 3D che in 2D e gli oggetti e i personaggi nelle clip sembrano materializzarsi dentro lo scenario dello spazio filmico;

3. **dissolvenza in chiusura**: la clip scompare progressivamente fino a diventare nera. Rispetto a quelle incrociate, questa rappresenta una pausa più marcata e per questo spesso è usata per indicare salti temporali più netti.

Proviamo dunque a fare un piccolo esperimento inserendo una dissolvenza incrociata e utilizzando due clip. Inserite le clip per l'occhio destro e per l'occhio sinistro e ripetete le procedure *Pair as Stereoscopic 3D Subclip* e *Stereoscopic 3D Adjust* che abbiamo spiegato in precedenza. Avremo quindi le due clip 3D una di fianco all'altra, come nell'esempio della foto (Figura 47).

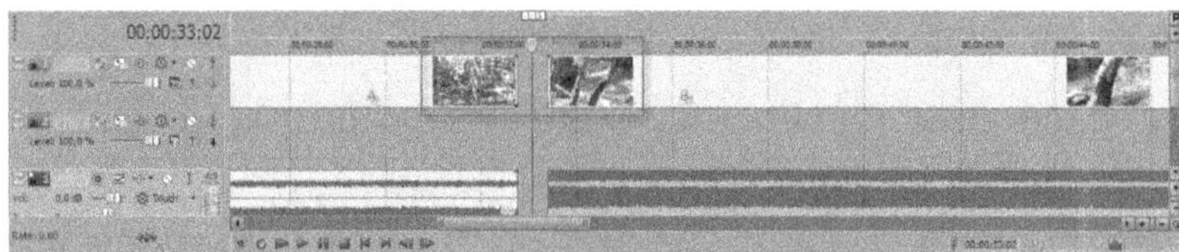

Figura 47 – Transizioni 3D sulla timeline

Per inserire una transizione 3D eseguite i seguenti passaggi:

1. selezionate con il mouse la **Clip A;**
2. trascinate la clip **A** verso la clip **B** per una durata di **7:00**.

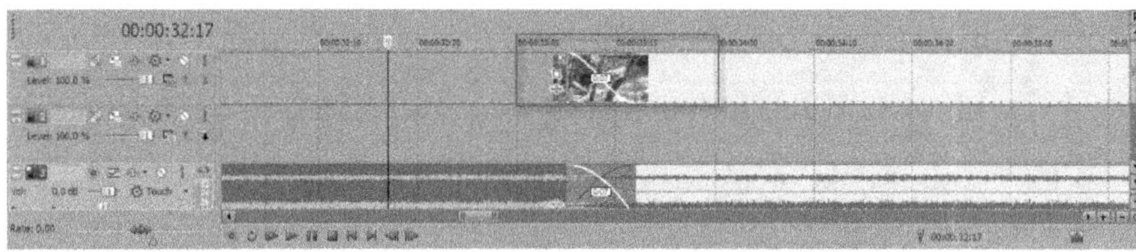

Figura 48 – Punto di ancoraggio di transizione stereoscopica

Noterete che avverrà un incrocio contraddistinto tra le due sequenze. Anche questa operazione è fatta! Posizionate gli occhialini 3D, mandate in play e godetevi il romantico effetto della transizione incrociata 3D tra le due clip.

Le possibilità creative di editing possono essere infinite. Una volta scelte le operazioni narrative, visive ed estetiche, si procede con un altro aspetto importante, ossia i **titoli 3D**, che possono essere anch'essi scelti e collocati secondo gusti estetici o esigenze prospettiche.

Titoli 3D

Un tempo, per aggiungere testi in un video, titoli di coda, didascalie e così via, si usavano le titolatrici e, come potete ben immaginare, tutto richiedeva molta pazienza e moltissimo tempo. Oggi grazie ai software di editing tutto questo è molto più semplice e divertente.

Proviamo ora a inserire un semplice testo nel progetto di editing in ambiente 3D. Per prima cosa dobbiamo generare una nuova traccia video:

1. menu **Insert**;

2. cliccate sulla voce **Video Track**.

Fatto ciò si procede con la titolazione 3D vera e propria:

1. menu **Insert**;

2. cliccate sulla voce **Text Media** ▶ **Video Media Generators**;

3. sull'editor scrivete il vostro testo (es. **Titolo 3D**) scegliendo font, grandezza, effetti ecc.;

4. chiudete la schermata senza alterare i valori impostati.

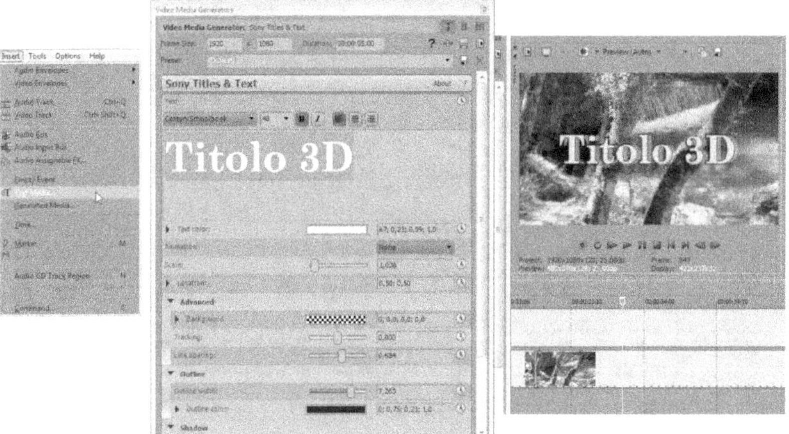

Figura 49 – Lo strumento per l'aggiunta di Titoli 3D

Trascinate la clip di testo sul primo livello video e il primo titolo 3D è pronto. Indossate gli occhiali 3D per la preview stereoscopica. Potete effettuare tutte le prove che volete e le vostre eventuali modifiche seguendo le stesse procedure sopra illustrate.

SEGRETO n. 19: i software di editing 3D permettono numerose potenzialità di particolare impatto visivo, fra cui la realizzazione e l'inserimento di titoli 3D direttamente sulla timeline.

Esportazione di clip 3D

Eccoci adesso giunti al momento di esportare il nostro progetto sotto forma di file video 3D. In questo modo il software di editing effettuerà un'operazione di rendering della timeline e di esportazione delle sequenze e di tutti gli effetti presenti nel progetto. Quest'operazione servirà a rendere il lavoro che abbiamo appena realizzato fruibile a chiunque in 3D.

Vediamo più in dettaglio la procedura:

1. menu **File**;

2. cliccate sulla voce **Render As;**

3. scegliere il tipo di formato preferito per l'esportazione;

4. fare clic su **Render**.

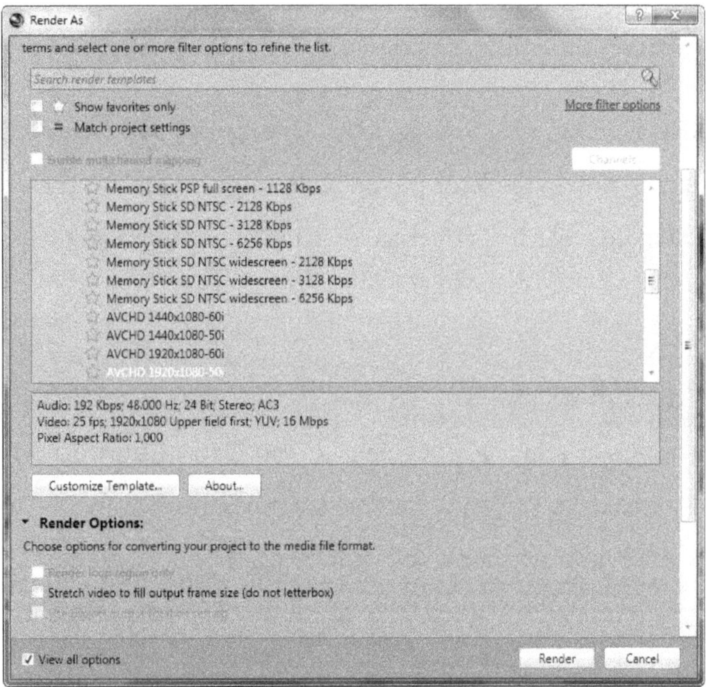

Figura 50 – Template del software per l'esportazione

Per esportare invece il filmato in formato side-by-side occorre inizialmente andare su **File ▶Properties ▶ Stereoscopic 3D**

mode e impostare **Side by side**.

Nota: *prima della diffusione di un prodotto stereoscopico è sempre consigliabile fare tutte le opportune verifiche, poiché la perfetta visione 3D del prodotto finale dipende non solo dalla qualità di editing stereoscopica, ma anche dalle caratteristiche, dalle impostazioni e dal tipo di supporto di fruizione finale. Nel caso di video da distribuirsi su un supporto home video (DVD o Blu-Ray Disc 3D), per esempio, potete segnare sulla confezione alcuni dei settaggi che avete impiegato nel progetto, segnalando così la risoluzione ottimale dello schermo per la fruizione e, ovviamente, allegando un paio di occhiali 3D della tipologia per cui avete settato il progetto.*

RIEPILOGO DEL CAPITOLO 4:

- SEGRETO n. 15: Una volta installato il programma di editing, è importante effettuare i settaggi necessari per ottimizzare al massimo il workflow del software.

- SEGRETO n. 16: Per un'ottimale organizzazione del materiale stereo sulla timeline occorre creare almeno due *Bin*, una per l'occhio destro (DX) e una per l'occhio sinistro (SX).

- SEGRETO n. 17: L'opzione *Pair as Stereoscopic 3D Subclip* trasforma due clip 2D in un'unica clip 3D.

- SEGRETO n. 18: Sulla timeline del software di editing 3D è possibile procedere direttamente con la sincronizzazione e le impostazioni stereografiche.

- SEGRETO n. 19: I software di editing 3D permettono numerose potenzialità di particolare impatto visivo, fra cui la realizzazione e l'inserimento di titoli 3D direttamente sulla timeline.

CAPITOLO 5:

Come realizzare un DVD/Blu-ray 3D

Dedichiamo quest'ultimo capitolo esclusivamente all'*authoring* di un prodotto multimediale 3D. Si tratta di un'operazione molto importante e delicata, poiché dalla sbagliata esecuzione può conseguire un'alterazione della qualità finale del prodotto. L'authoring è quel procedimento di collezionamento di un supporto ottico in ciascuna delle sue diverse funzionalità (menu, tracce audio, sottotitoli ecc.).

Potete utilizzare quindi le tecniche che vengono illustrate in questo capitolo per il packaging e la distribuzione su supporti ottici, come ad esempio DVD 3D o Blu-ray Disc 3D, dei vostri lavori 3D.

SEGRETO n. 20: per non compromettere la qualità finale del contenuto 3D, è importante eseguire l'authoring con la massima attenzione.

Con il processo di authoring si possono indubbiamente effettuare numerose e gradevoli presentazioni di un DVD 3D o Blu-ray Disc 3D con le più comuni funzionalità per una confortevole navigazione. Tra queste, per esempio usando anche immagini 3D come sfondo nei vari menu. Per gli esempi del capitolo useremo il software Roxio, di cui abbiamo accennato nelle pagine precedenti. Subito dopo l'avvio di *Roxio Creator* apparirà la finestra dell'applicazione principale che comprende le varie possibilità di progetti di authoring (Disco Dati, Immagine Disco, Copia disco, CD audio, DVD ecc.).

Fare click sull'icona **Crea DVD**

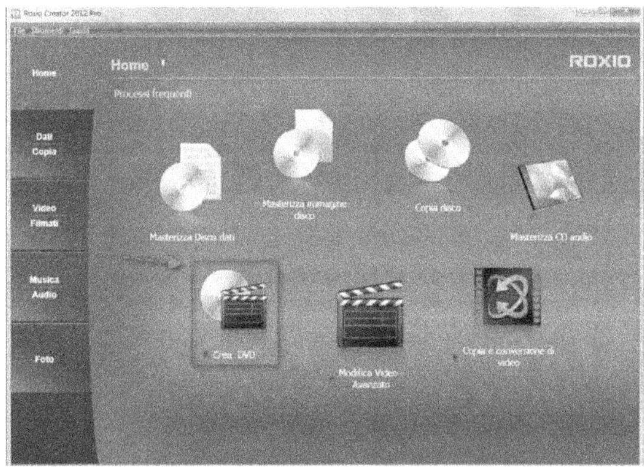

Figura 51 – Menu principale del software

SEGRETO n. 21: grazie all'authoring è possibile effettuare una gradevole presentazione di un DVD 3D o Blu-ray Disc 3D con le più comuni funzionalità per una confortevole navigazione.

Vi apparirà la schermata in cui potete scegliere la tipologia del progetto, se **2D** (con le varie modalità, fra cui anche Blu-ray) o **3D**. Scegliere l'opzione **3D**.

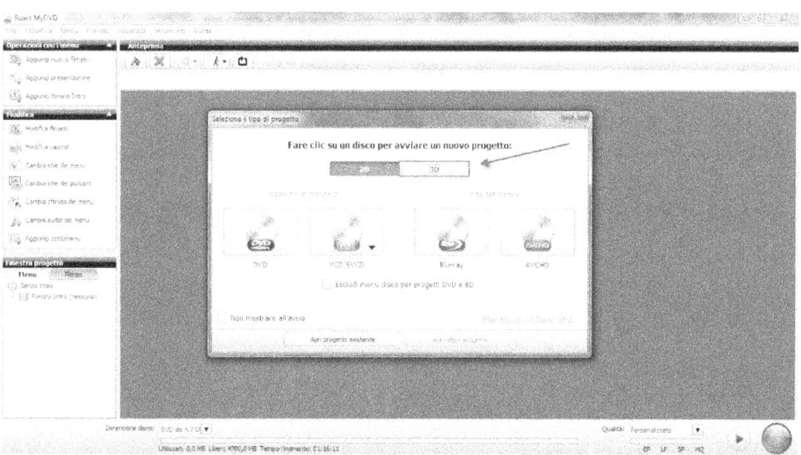

Figura 52 – Menu selezione tipologia progetto

Ora si può scegliere tra un *DVD standard* oppure *AVCHD alta definizione*.

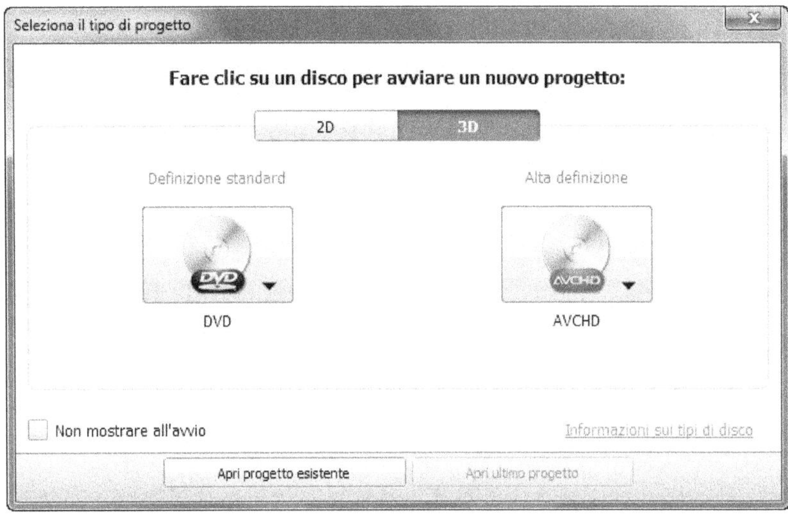

Figura 53 – Menu scelta formato 3D

SEGRETO n. 22: i DVD possono contenere anche video AVCHD e sono molto meno costosi dei dischi Blu-ray.

Un DVD single-layer può contenere circa 40-70 minuti di video AVCHD ed è molto meno costoso di un disco Blu-ray. I progetti sono delle presentazioni multimediali che possono essere masterizzate su supporto ottico; quelli in 2D possono includere video e presentazioni fotografiche e possono essere organizzati in menu; i menu, a loro volta, possono includere video o immagini di sfondo, pulsanti animati e musica audio.

I progetti 3D in Roxio 2012, invece, non comprendono menu e non possono includere presentazioni e i filmati sul disco vengono semplicemente riprodotte in successione. Facendo click su **AVCHD**, Roxio permette di scegliere tra **RealD** (se si vuole visualizzare il progetto su un monitor di computer o monitor tv compatibile con 3D) e **Anaglifo** (per visualizzare il progetto su un monitor di PC o un monitor TV standard). Optiamo per quest'ultimo e proseguiamo.

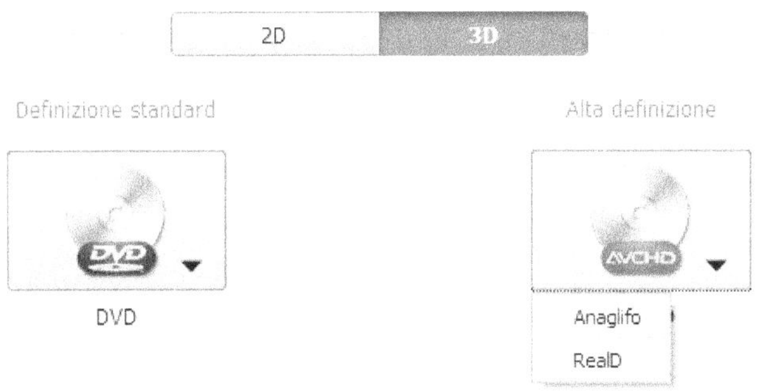

Figura 54 – Menu a tendina impostazioni DVD/AVCHD stereo

SEGRETO n. 23: Roxio, oltre a permettere di scegliere la modalità *Anaglifo*, dispone anche della funzionalità *RealD*, comodo soprattutto per la visualizzare dei contenuti su un monitor di computer o monitor TV compatibile con il 3D.

Adesso potete scegliere subito le clip 3D da inserire nel vostro progetto di 3D authoring.

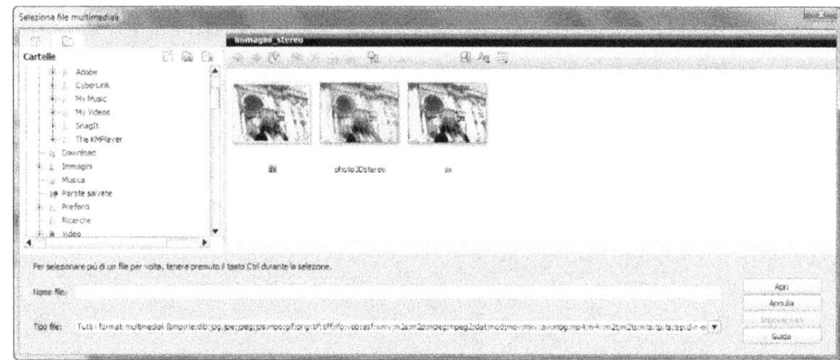

Figura 55 – Finestra di dialogo importazione file

L'interfaccia principale del software è suddivisa in cinque aree:

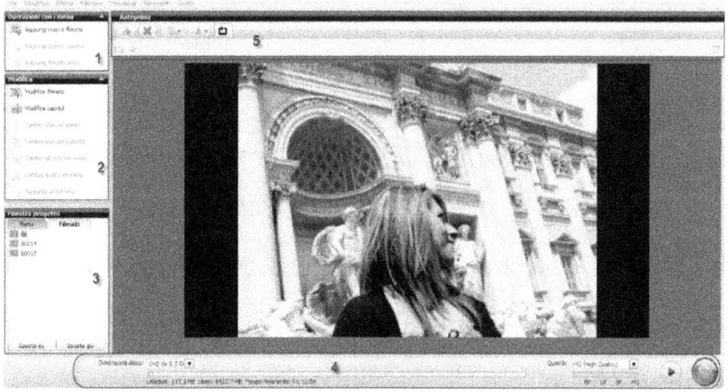

Figura 56 – Interfaccia con le principali aree del software

1. si tratta dell'area per eseguire alcune consuete operazioni con i menu, fra cui quella di aggiungere nuovi filmati;
2. in quest'area è possibile effettuare diverse modifiche sia ai filmati che a eventuali capitoli creati per la presentazione;
3. si tratta della finestra del progetto in cui vengono elencati i vari filmati inclusi nella nostra presentazione;
4. in questa sezione è invece possibile impostare alcune preferenze (dimensione del DVD: 1,4 Gb; 4,7 GB; 8,5 GB) ed eseguire infine l'anteprima e la masterizzazione del progetto. Tale sezione è raffigurata con un pulsante circolare di colore rosso in basso a destra;
5. in alto si trovano diversi pulsanti, fra cui quelli per l'inserimento dei testi, l'eliminazione di clip, la modifica e l'anteprima del progetto.

Cambio impostazione del formato

Per modificare il formato del progetto prima del salvataggio e della masterizzazione finali, basta cliccare sul menu a tendina **Filmato ▶Correzione formato 3D** e impostare il relativo formato.

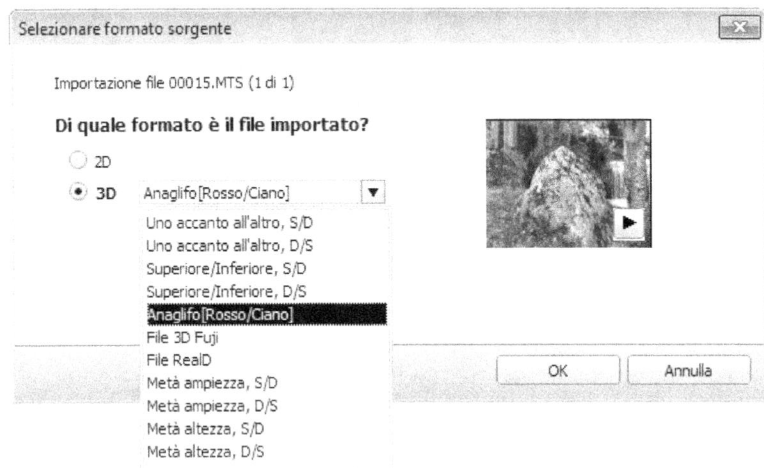

Figura 57 – Menu formato sorgente

SEGRETO n. 24: prima del salvataggio e della masterizzazione è utile verificare tutte le impostazioni; è quindi sempre possibile correggere il formato 3D del progetto di authoring e settare le nuove impostazioni.

Una volta effettuate tutte le preferenze per masterizzare il nostro progetto 3D, si può procedere semplicemente usando contemporaneamente i due tasti Ctrl+B. Digitate il nome dell'etichetta e cliccate sul tasto **Masterizza**. Si avvierà così il processo di masterizzazione che si concluderà con la realizzazione del nostro DVD 3D.

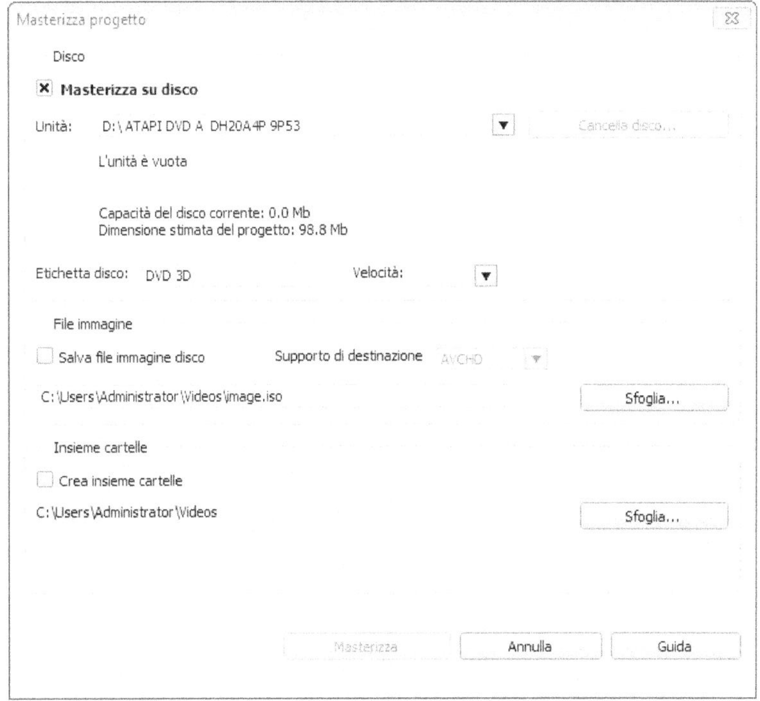

Figura 58 – Finestra di dialogo "Masterizza progetto"

RIEPILOGO DEL CAPITOLO 5:

- SEGRETO n. 20: Per non compromettere la qualità finale del contenuto 3D, è importante eseguire l'authoring con la massima attenzione.

- SEGRETO n. 21: Grazie all'authoring è possibile effettuare una gradevole presentazione di un DVD 3D o Blu-ray Disc 3D con le più comuni funzionalità per una confortevole navigazione.

- SEGRETO n. 22: I DVD possono contenere anche video AVCHD e sono molto meno costosi dei dischi Blu-ray.

- SEGRETO n. 23: Roxio, oltre a permettere di scegliere la modalità *Anaglifo*, dispone anche della funzionalità *RealD*, comoda per la visualizzare dei contenuti su un monitor di computer o monitor tv compatibile con 3D.

- SEGRETO n. 24: Prima del salvataggio e della masterizzazione è utile verificare le varie impostazioni. È sempre comunque possibile modificare il formato 3D del progetto di authoring ed effettuare le nuove impostazioni.

Conclusione

La tecnica 3D adesso è nelle vostre mani!

Nelle pagine di questo corso, grazie all'apposito corredo grafico e un linguaggio semplice e immediato, abbiamo potuto apprendere le numerose potenzialità del 3D e scoprire da vicino alcune tecniche utili per realizzare contenuti 3D Stereoscopici. Non solo, quindi, una brevissima parte introduttiva e teorica, ma un rapido piano formativo e realizzativo per mettere in pratica da subito le tecniche esposte.

Abbiamo potuto perciò sperimentare la tridimensionalità nelle sue diverse modalità tecniche, fra cui la realizzazione di fotografie 3D, modalità molto utili sia per l'elaborazione grafica di immagini e locandine 3D, oppure per il web o la telefonia. Ampia attenzione è stata riservata all'editing stereoscopico di video e filmati 3D, passando in rassegna le principali funzioni e tecniche impiegate nel montaggio di contenuti audiovisivi S3D. La conclusione non poteva che riguardare le operazioni importanti per il packaging, e quindi le tecniche fondamentali per realizzare l'authoring di un DVD 3D o Blu-ray Disc 3D.

Sappiate che i tempi per produrre un'opera in 3D sono molto più lunghi di quelli per realizzarla in 2D. Come abbiamo visto, le tecniche sono più complesse così come maggiori sono gli elementi da tenere sotto controllo. Non abbiate quindi fretta di fare tutto e subito, ma siate umili, propositivi e costanti nel seguire gli step di apprendimento. Potrete imparare a padroneggiare meglio le tecniche illustrate e ottenere quindi ottimi risultati.

Nel tempo vi accorgerete che i vostri lavori realizzati in 3D sono migliorati notevolmente: non state più guardando su un semplice monitor, ma avrete l'impressione di aver aperto la vostra finestra e che state osservando la realtà così come la vedete tutti i giorni. Se aprendo questa finestra i vostri occhi e la mente si rilassano di più che vedendo la solita immagine piatta, significa che avete fatto un'eccellente opera in 3D!